朱子学のおもてなし

より豊かな東洋哲学の世界へ

垣内景子［著］

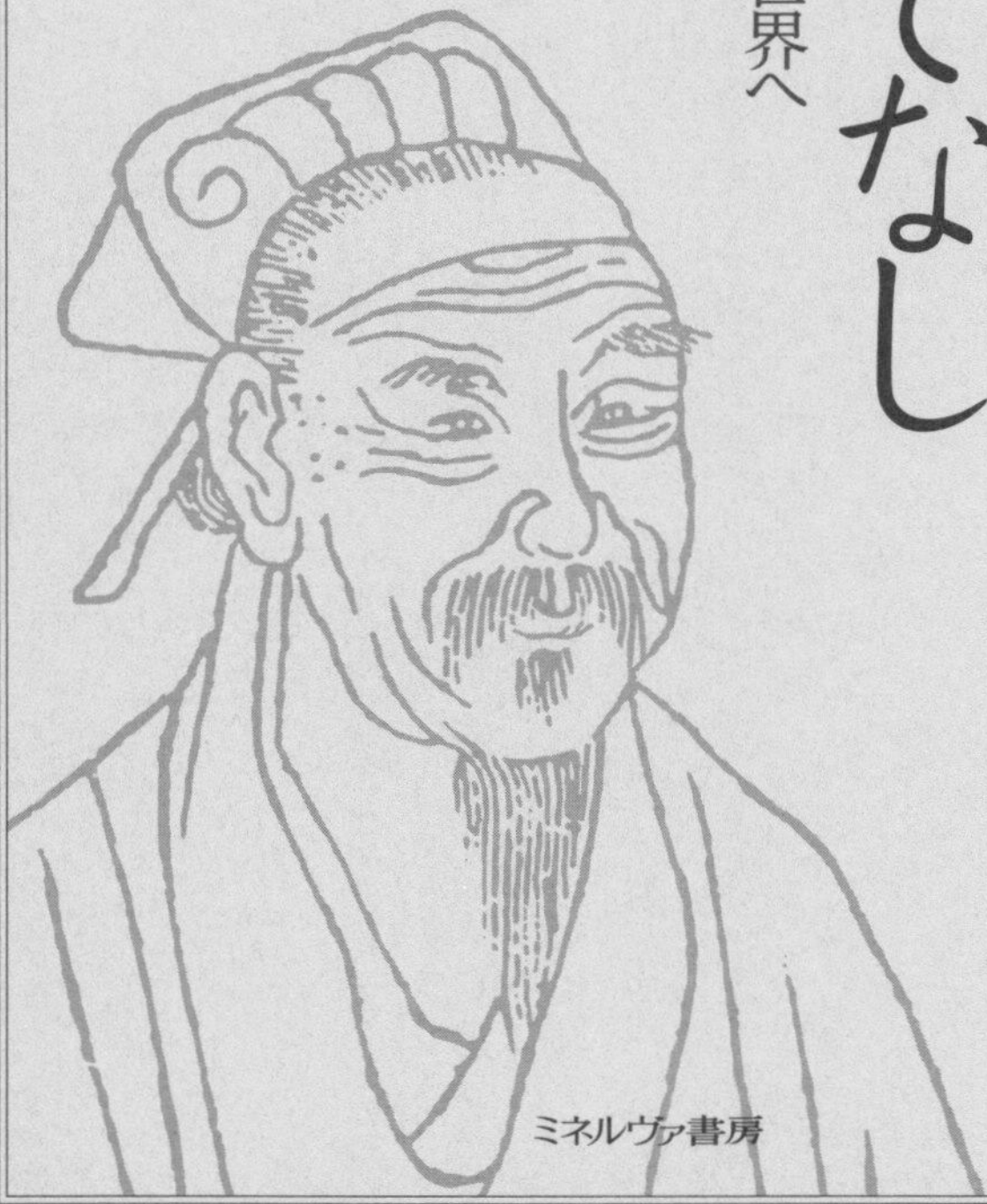

ミネルヴァ書房

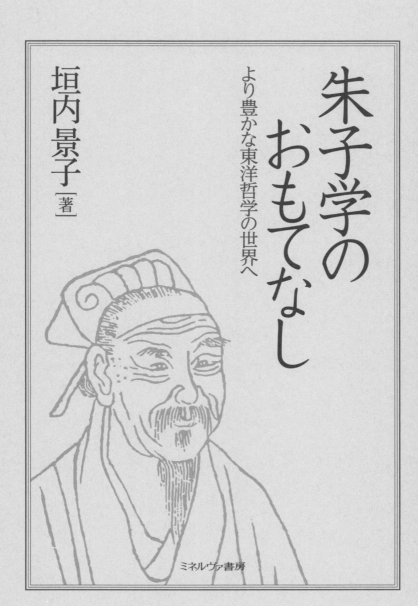

序　朱子学の玄関——入門してはみたけれど……

世に入門書の類《たぐい》は数知れない。かく言う筆者も『朱子学入門』（二〇一五年、ミネルヴァ書房）なる拙著を世に送り出した。朱子学という、誰でも聞いたことはあるけれど、意外と知られていないその思想について、興味をもってくれる人もいるのではないかと期待してのことだった。

ところで、人はなぜ入門書を読むのだろうか。ちょっと興味はあるけれど何から読めばいいのかわからない、まずはとりあえず入門と銘打ったものから読んでみようか——こんな感じだろうか。それでは、入門書を読んだ後はどうなったのだろうか。なるほどこれは面白そうだ、もっと詳しいものを読んでみようか——そう読者に思ってもらえたならば、入門書を書いた者にとっては望外のよろこびだ。しかし、多くの場合は、ふーん、なるほどね、とかなんとか、入門即出口、次に手に取るのは別の分野の入門書という場合が多いのではないだろうか。

入門書を書いた者として、入門即さようならというのはなんとも口惜《くちお》しい。せっかく門をくぐっていただいたのならば、せめてすこしはおもてなしを。ずずっと奥へ上がっていただき、お気に召せば好きなだけ。お帰りの際にも、手ぶらではお帰ししませんって。そんな思いから本書を書くことに思い至った。

　ただし、あらかじめ断っておけば、本書は朱子学をより専門的に論じたものではない。せっかく入門した朱子学を通して、東洋思想のより豊かな世界を楽しんでもらうこと、そしてより普遍的な問題を考えるきっかけにしてもらうことが本書の目指すところである。「仁」「義」「礼」「知」「信」「忠」「孝」といった日本人にもなじみの深い東洋思想のキー概念は、朱子学的解説を経ることによってよりわかりやすいものになるのであり、西洋由来の哲学的な問いかけを東洋の伝統的な文脈で考えるとき、朱子学がそのよすがとなるのである。

　そういう意味では、本書自体も東洋思想・東洋哲学の入門書ということにもなる。だから、拙著『朱子学入門』を読まずにいきなり本書を手にとってくれた方々も大歓迎だ。もちろん本書を読んで朱子学そのものに興味をもち『朱子学入門』も読んでみようと思ってもらえればこんな嬉しいことはないのは言うまでもない。

朱子学のおもてなし——より豊かな東洋哲学の世界へ

目次

目次

第Ⅰ部　朱子学の大広間

——朱子学で読み解く東洋思想のキーワード

第Ⅰ部・はじめに

第Ⅰ部では、東洋思想を読み解く上で鍵となる「仁」「義」「礼」「智」「信」「忠」「孝」といった概念を、朱子学を用いて解説する。これらの概念は、孔子に始まる中国の儒教が古くから重んじたもので、朱子学が言い出したものではないが、その意味するところを現代の私たちが理解するためには、意外にも朱子学の理屈が役に立つ。何事もわかりやすく説明しようとするところに朱子学の功罪があるのだが、そのことについては後で考えることにして、まずは朱子学を案内役に東洋思想の大広間に乗り込み、その古めかしくも豊かな調度を心ゆくまで味わってみてほしい。

ただその前に、ここ日本の地から乗り込むために、ひとつだけ思いをめぐらせておきたいことがある。それは、日本語と漢字の不可思議な関係、すなわち日本語における漢字の音読みと訓読みの併用についてである。私たちの先人は実に見事なやりかたで漢字・漢語を日本語の中に取り入れ、私たちは今なおそれを当たり前のように踏襲している。しかし、漢字という外来の文字を、まったく異なる言語体系の中に根付かせた先人のやりかたに、私たちは改めて驚異の目を向けるべきなのではないか。

音読みは、ある時代の中国語音の模倣であるが、音読みによるいわゆる漢語は、日本語の語彙を飛躍的に増やしてくれた。訓読みは、いわば漢字の日本語訳であるが、音のみによっても示すことのできる和語が表意文字である漢字と結びつくことによって、日本語の表現ははかりしれない奥行きを獲得した。

ここで特に注目したいのは、訓読みというなんともアクロバティックな漢字の利用法である。というのも、「山」を「やま」と読み、「食」を「たべる」と訓読みするように、意味されるものが比較的わかりやすく同定しやすいものとはちがい、本書で以下取り上げる「仁」や「義」などの漢字には、訓読みがない場合が多いからである。訓読みがないということは、いったい何を意味するのであろうか。「仁」という漢字が日本に入ってきたとき、それに相応する和語はなかった、日本人は「仁」という漢字を通してはじめて「仁」という概念を知ったということなのだろうか。今日の私たちが「仁」という漢字から連想する意味には、外来のものを受けとめようとしてきた先人たちの努力の跡と日本という土壌のぬきさしならない影響が刻まれているのかもしれないのである。

一方興味深いことに、「仁」「義」など本書で取り上げる漢字は、人名によく用いられ、その場合には、これまた独特の訓読みが施される。「仁」であれば「ひと、きみ、まさ、さと……」、「義」であれば「よし、のり、とも、いさ……」、「仁義」であれば「ひとよし、みきよし、まさよし、ひとのり……」といった具合に、その読み方は無限に存在する。ちなみに、人名の届け出は文字表記だけであるから、それをどのように読むかは自由で、およそふつうは読めない読み方でもとがめられはしないのである。

「義」の字の名乗りに一般的な「よし」という読みは、「よい（good）」の意味である。だから、名前で「よし」と読む漢字は「良・善・佳・好・芳・宜・美・喜・仁・義・礼……」と無数にある。みな「よい」意味だからである。新元号の「令和」が発表されたとき、全国の「令和」さんが注目を集めたが、「よしかず」「のりかず」さんが多かった。「令」も「よし」と読むのである。

また、「孝」を「たか（し）」と読むのは、「たかい（high）」という意味で、これも「高・隆・崇・尊・天・貴・敬……」などすべて価値の高いものを意味する漢字に与えられた訓読みである。大雑把といえばなんとも大雑把なやりかただが、こうして私たちは訓読みのない漢字すらその字の意味を願いに込めて名前に用いてきたのである。

以上のような日本語と漢字の関係を念頭におきつつ、以下「仁」「義」「礼」「智」「信」「忠」「孝」の意味を読み解いてみよう。朱子学の祖である朱熹《しゅき》を先導役に乗り込む大広間の先に待っているのは、東洋きっての有名人孔子であり、中国が生んだ最大の文化遺産ともいうべき『論語』の言葉である。

なお、以下にしばしば引用する『論語』の言葉は、日本においてもある世代以上の方々や漢文好きの方々にはなじみ深いものと考えられるので、現代語訳に漢文訓読を添えた。そんな古めかしい言葉は聞いたことがないという人は、現代語訳だけを読んでもらえればよいのだが、この機会に漢文訓読という、これまた私たちの先人の摩訶不思議な翻訳の技に触れてみてもらえれば幸いである。

第一章　仁——人として・愛の理

まずはじめに取り上げたいのは「仁」である。「仁」こそは、東洋伝統の最高徳目なのであるが、その実、最もとらえにくい概念でもある。というのも、「仁」には二つの顔があり、ときにそれが混ざり合ってしまっているからだ。「仁」の字を見て、「医は仁術」であるとか「仁愛」であるとか、思いやりや優しさ、人としてのぬくもりというようなイメージを思い浮かべた人も多いのではないだろうか。そういったイメージは「仁」の一つの顔を象徴するもので誤りではないのだが、「仁」はそれだけに止まらない。というよりも、そうした思いやりや優しさ、人としてのぬくもりが何に由来し、何をもたらすのかということを含む概念なのである。

ところで、「仁」の字を、日本人は名乗りで「ひと」「ひとし」と読む。日本の最も高貴な方々は代々「仁《ひと》」の一字をその御名に用いている。「仁《ひとし》」は「等し」ではなく「人」の意味で、やや古めかしいが、「お人」「お方」を意味する「御仁《ごじん》」という言い方もある。「あの御仁、なかなか捨てたものではない」等々、ときに敬意よりも敬遠や小馬鹿にしたニュアンスをともなうこともあるが、「仁」の字は「人」の字に通じていることを、日本人は古くから読み取っていたのである。つまり、「仁」

は、何よりも「人」としてどうあるべきか、「人」とはそもそも何なのかという、これまた最も根源的でありながら最も答えにくそうな問いかけを孕む概念なのであった。

先に述べた「仁」の二つの顔とは、別のいい方をすれば、孔子の語る「仁」と孔子を継承しようとした者たちの「仁」の二つを意味する。私たちが一般に「仁」の字からイメージするものは、実は後者なのである。まずは孔子の「仁」について解説したい。

孔子の理想

孔子の言行録である『論語』には、実に頻繁に「仁」をめぐる発言が登場し、弟子たちはしばしば孔子に「仁」とは何かを問いかけている。「仁」は、いわば孔子やその弟子たちの最大関心事であり、最終目標であったのだ。とはいえ、『論語』において孔子は「仁」を明確に定義しているわけではない。

『論語』に「先生はめったに利と命と仁のことを語らなかった（子、罕《まれ》に利と命と仁とを言ふ）」という言葉がある。利己主義や功利主義につながる「利」や人の努力ではどうにもならない運命としての「命」を孔子が語りたがらなかったことは理解できるとして、実際には『論語』のメインテーマのごとく頻出する「仁」をめったに語らなかったという弟子の言葉は何を意味しているのか。これも、孔子が「仁」を話題にしなかったというのではなく、「仁」を明確に定義したがらなかったということを意味しているのである。弟子のこの言葉は、逆説的に「仁」の語り難さを物語っている。ことほどさように、「仁」は語り得ぬものなのであった。

最も重要で最も知りたい「仁」が最も語り難いのはなぜか。それは、「仁」が人としての最高の境地をトータルで示す概念であるからなのである。最高の境地であるから、これこれこういうものとして限定されるわけにはいかないのだ。最高の境地に達した人は、たとえば優しく思いやりに満ちた人であろうが、優しく思いやりがあればそれだけでよいというものではあるまい。

「仁」の人すなわち「仁者」、またの名を「君子」という。「仁者＝君子」は、孔子たちが理想とした、人としての最高の在り方なのであった。

君子＝仁者

「聖人君子《せいじんくんし》」という言葉を耳にしたことはあるだろうか。いまどき「聖人君子」などと言えば、品行方正で完全無欠の立派な人物、というよりは何の面白味もないくそまじめな堅物という人物像が浮ぶのかもしれない。しかし、孔子たちは、それこそまじめに「聖人君子」は目指し日夜奮闘していたのである。正確には、「聖人」ではなく「君子」であるのだが、そのことは後で触れよう。「聖人」にせよ「君子」にせよ、私たちが抱くご立派ではあるがちょっと敬遠したい人物のイメージを一旦置いて、孔子たちがあこがれた格好いい人物像として「君子」をイメージしてみることにしよう。それをひと言で表現したのが「仁」なのであった。

孔子は次のように「君子」を語っている。

君子は仁を離れてどうやって君子を名乗れよう。君子は食事の間も仁にそむくことはない。緊急の事態にも、あわてて転んだときにも仁から離れない。

（君子は仁を去りていづくにか名を成さん。君子は終食の間も仁に違《たが》ふこと無し。造次《ぞうじ》にも必ず是《ここ》に於《おい》てし、顚沛《てんぱい》にも必ず是に於てす。）

「君子」はいついかなるときも「仁」なのであり、「君子＝仁者」はあわてて転んでも格好いいのであった。

同じことをしても、同じことを言っても、誰がしたか、誰が言ったかによって、私たちはときにまったく違った印象を受ける。アイドルやカリスマ的人物の真似をしたからといって、誰もがアイドルやカリスマになれるわけではないし、一目置かれた人物の欠点や失敗はむしろ微笑ましく受け取られることもある。同様に、「君子＝仁者」は、これこれこういう人物であるという外から定義できる要素に還元できない。しかし、それでは私たちはいったいどうやって「君子＝仁者」に近づいてゆけるのか。

孔子には次のような言葉もある。

仁は遠いものだろうか。自分が仁を望めば仁はすぐにやってくる。

（仁遠からんや。我れ仁を欲すれば、ここに仁至る。）

本気で仁を志せば、それだけで少なくとも悪いことはなくなる。
（苟《まこと》に仁に志せば、悪しきこと無し。）

こう言われてしまってはますます途方に暮れるほかないが、要は「仁」はこうすればそれだけで「仁」というものではなく、より良き人柄を求めることそのものの中にこそあるということなのだろう。

聖人∨君子＝仁者

先に触れたが、「聖人」と「君子」とは、少なくとも孔子にとっては、同じ概念ではない。孔子にとっての「聖人」とは、太古の時代に様々な文化や制度や道徳を作り、野蛮な人類が人間らしく生活できるようにしてくれた聖王たちを意味する。彼ら複数ではあるが有限の聖王たちが作ってくれたものは完全無欠であると信じる孔子にとって、後世「聖人」が新たに現われることはあり得ず、もちろん孔子みずからも「聖人」を目指していたわけではない。孔子にとっての「聖人」は、この人間界に秩序と文化を生み出してくれたいわば「神」の如き存在であり、努力によってなれるものではなかったのである。

孔子はこう語っている。

聖人には私はお目にかかれない。君子なる者に会えればよしとしよう。

（聖人は吾れ得てこれを見ず。君子者を見るを得ば、これ可なり。）

孔子が目指したのはあくまでも「君子」なのであり、「君子」とは「仁」なる人なのであった。ちなみに、孔子没後、孔子は「聖人」と呼ばれるようになる。孔子が作り上げた儒教を継承しようとした儒者たちにとっては、孔子は古《いにしえ》の聖王たちに勝《まさ》らずとも劣らない「聖人」なのであった。そして、孔子が「聖人」となったことで、「聖人」の意味は大きく変化する。「聖人」とは孔子のような人格の完成者、すなわち「君子＝仁者」を意味するようになるのであった。このことは同時に、「聖人＝君子＝仁者」が広く人間一般の目指すべき人格・境地の目標となったことを意味している。『論語』に見える「君子＝仁者」を目指して悪戦苦闘する孔子の姿は、「聖人＝君子＝仁者」として別格の地位に祭り上げれた孔子の姿と二重写しにされ、孔子にあこがれ孔子を目指す者たちの手本となったのである。そして、人としてどう生きるべきか、すなわち人格的完成こそが儒教の最優先課題となったのであった。

以上のことを踏まえた上で、それでは孔子はその語り難い「仁」をどう語ったのかを見てみよう。

仁を問う

『論語』の中には、弟子が師である孔子にズバリ「仁とは何か」を問う場面が複数ある。そのうちのいくつかを紹介しよう。

まずは仲弓《ちゅうきゅう》と樊遅《はんち》という弟子の質問に答えた孔子の言葉を見てみよう。


仲弓が仁を問うた。

孔子「外に出れば大切な賓客に会うように、民を使役するときには大事な祭祀を司《つかさ》どるように（何事も恭《うやうや》しく丁寧に慎重に）する。自分の望まないことは人にもしないように。そうしていれば、地元でも怨《うら》まれることはないし、家にあっても怨まれることはない。」

（仲弓、仁を問ふ。子曰く「門を出でては大賓に見《まみ》ゆるが如《ごと》くし、民を使ふには大祭を承《う》くるが如くす。己れの欲せざる所は人に施すことなかれ。邦に在りても怨み無く、家に在りても怨み無し。」）


樊遅が仁を問うた。

孔子「ふだんの生活では立ち居振る舞いを恭しくし、仕事を執り行うときは慎重に、人との交際においては真心をもって接すること、これは辺境の地に行ったとしても変えてはならないことだ。」

（樊遅、仁を問ふ。子曰く「居処には恭に、事を執りては敬に、人と与《まじは》りては忠なること、夷狄《いてき》に之《ゆ》くと雖《いへ》ども棄《す》つべからざるなり。」）

孔子の答えに首をかしげた人もいるのではないだろうか。何事も恭《うやうや》しく慎重に、人とのつきあいも大切に……これが「仁」なのだろうか。挙げ句の果てには、そうしていれば怨まれないとか、どんな文化果てる辺境の地に行っても変えてはならないだとか、孔子は弟子の質問をはぐらかしているのだろうか。孔子の言葉は、「仁」の定義というよりは、それぞれの弟子がまずは心がけるべきことを言ったものにすぎない。

もう一人、今度は孔子が最も目をかけていた顔淵《がんえん》という弟子との問答を見てみよう。

顔淵が仁を問うた。

孔子「己《おのれ》に打ち克って礼にかえることが仁である。ひとたび己に打ち克って礼にかえれば、天下はすべて仁に帰着する。仁を行うことは己の問題だ。どうして人任せにできようか。」

顔淵「具体的な項目をお教えいただけないでしょうか。」

孔子「礼でないことは見ないように、礼でないことは聴かないように、礼でないことは言わないように、礼でないことはしないように。」

（顔淵、仁を問ふ。子曰く「己れに克ちて礼に復《かえ》るを仁と為す。一日己れに克ちて礼に復れば、天下仁に帰す。仁を為すこと己れに由《よ》る、而《しか》して人に由らんや。」顔淵曰く「請ふ、その目を問はん。」子曰く「礼に非ざれば視ること勿《な》かれ、礼に非ざれば聴くこと勿かれ、礼に非ざれば言うこと勿かれ、礼に非ざれば動くこと勿かれ。」）

さすが孔子最愛の顔淵、孔子の答えもやや抽象的で複雑である。「克己復礼」、すなわち己の私利私欲に打ち克って、「礼」という全体の調和の一部になりきること、それこそが「仁」だというのだが、これにはさしもの顔淵も困惑したようで、すかさず具体的な項目をとお願いしている。それに答えた孔子の言葉は、すべての言動を「礼」に則《のっと》るようにしろというもので、これではまた「仁」の話だか何だかわからなくなってしまう。たしかに「仁」と「礼」とは密接な関係にあるのだが、そのことは第三章で「礼」を取り上げる際に改めて説明しよう。

ここでは、「仁とは何か」を問う弟子の質問に、孔子がその弟子の能力や個性に合わせてきわめて具体的な心がけを答えているということだけを確認しておきたい。孔子の個々の回答は、「仁とは何か」、そんなことを問うのは十年早い、それよりもまずはこれこれのことを心がけよと言わんばかりのものなのであった。

仁の語り難さ

「仁」の語り難さは、次のようなやりとりからも見てとれる。

司馬牛《しばぎゅう》が仁を問うた。

孔子「仁者はその発言が慎重だ。」

司馬牛「その発言が慎重であれば、仁と言えるのでしょうか。」

孔子「実行するのは難しいのだから、それをあらかじめ言うときは慎重にならざるを得ないではないか。」

（司馬牛、仁を問ふ。子曰く「仁者は其の言や訒《じん》。」曰く「其の言や訒、斯《こ》れこれを仁と謂《い》ふべきか。」子曰く「これを為すこと難し、これを言ふに訒なること無きを得んや。」）

仁者はこれこれであるが、これこれであれば仁者であるとは言えない。なんと言っても、仁者とは、あらゆる良き要素を備え、なおかつ悪しき要素まで愛嬌にしてしまえる希有な愛すべき人物なのだから。しかし、弟子たちは、これでもかと良き要素を並べ立て、これならば「仁」かと孔子に問いかける。

子貢《しこう》「もし多くの民衆に恩恵を施し、彼らを救うことができればいかがでしょうか、仁と言えますか。」

孔子「そこまでいけば仁どころではない、聖の域だ。（古の聖王である）堯《ぎょう》や舜《しゅん》ですらそのことに難儀《なんぎ》していた。そもそも仁者は、自分が立ちたいと望めば（人も同じように望んでいるだろう推測して）人を立たせ、自分が行きたいと望めば人を行かせた。身近な自分のことから人の気持ちを推しはかることができる。これが仁を行う方法だ。」

（子貢曰く「もし能《よ》く博く民に施して能く衆を済《すく》はば、何如《いかん》。仁と謂ふべきか。」子曰く「何ぞ仁を事とせん。

必ずや聖か。堯舜もそれ猶《な》ほ諸《こ》れを病めり。それ仁者は、己れ立たんと欲して人を立て、己れ達せんと欲して人を達す。能く近く取りて譬《たと》ふ。仁の方と謂ふべきのみ。」)

勢い余って「仁」の先まで行ってしまう弟子に対しても、孔子の答えはつまるところまずは何から着手すべきかということであった。ただ、次のような婉曲な表現から、孔子のいう仁者のあるイメージが読み取れなくもない。

意志が強く、無口で飾り気のない人は仁に近い。
(剛毅木訥《ごうきぼくとつ》、仁に近し。)

言葉巧みで愛想のいい人には少ないね、仁が。
(巧言令色《こうげんれいしょく》、鮮《すく》なし仁。)

これらの言葉からは、仁者はしっかりした芯の強い朴訥《ぼくとつ》なる人物というイメージが浮かぶが、もちろん口数が少なく素朴であればそれだけで仁者であるというわけではないことは言うまでもない。以上のように、『論語』の中で孔子が語る「仁」は、私たちがしばしば「仁」の字から思い浮かべる、思いやりや優しさといった特定のイメージに限定されるものではない。「仁」にある種のイメージが固定するのは、孔子を継承しようとした者たちの「仁」をめぐる発言によるのである。その最初が孟子であった。

孟子の仁義

孟子は、孔子よりひとつ後の戦国時代に生きた儒者である。戦国時代はいわゆる「諸子百家《しょしひゃっか》」の時代として知られるが、諸侯が覇を競い合う中、それに乗じて様々な学派が様々な学説をひっさげて遊説し、論争を繰り広げたのである。孟子は、孔子が生きた春秋時代よりもさらに混迷の度を深めた戦国時代において、他の様々な学派との論争の中、儒家の旗手として孔子の道を宣揚したのであった。孟子の主張で有名なものは「性善説」であるが、もう一つが「仁義」であった。

孟子の言葉が記録された『孟子』の冒頭に、次のようなやりとりがある。

梁《りょう》の恵王「先生が千里の道もいとわずおいで下さったからには、やはり何か我が国に利をもたらしていただけるのでしょうか。」

孟子「王よ、どうして利ばかりを問題にされるのですか。仁義があるのみです。」

孟子は、遊説先の梁の恵王に、国を治めるのに大切なことは「利」ではなく「仁義」だけだと宣言する。この姿勢は『孟子』全篇を貫くもので、孟子は富国強兵や自国の利益にしか興味を示さない戦国時代の為政者たちに、「仁義」に基づく王道政治を説いて回ったのである。もっとも、即効性に欠ける「仁義」などというお題目は、当時の為政者たちにはありがたがられなかったようで、孟子の説く儒家の思想は「迂《う》（まわりくどい）」なる理想主義として冷遇されるのであるが。しかし、「仁義」こそが孟子の信じる孔子の道であったのだ。

ところで、いつの間にやら「仁」は「仁義」と熟し、「義」という別の概念とセットで語られるようになっている。孟子は「仁」と「義」を次のように区別している。

仁は人の心、義は人の路である。

仁は人にとっての安らぎの家、義は人にとっての正しい路である。

孟子は、「仁」とは人にとっての安定した拠《よ》り所であり、そこを起点に歩む正しい道筋が「義」であるとする。「義」については次章で詳しく取り上げるが、ここでは「義」という別の概念と対比して語られることによって、「仁」の意味がいくぶん限定されたことに注目してほしい。「仁義」と熟した言葉は、拠り所としての人の心とそれに基づく正しい行為を意味し、その中で「仁」は正しさの根拠としての心の有り様《よう》の意味を担うことになる。ちなみに、日本語で「仁義」というと、ヤクザ映画や任侠《にんきょう》ものを思い浮かべる人もあるかと思うが、このことも次章であわせて考えてみたい。

孟子はさらに、「仁」を「義」「礼」「智」という三つの概念とセットにし、「四徳《しとく》」という括《くく》りで提示する。

四徳（仁・義・礼・智）の一つとしての仁

孟子のいう「仁義」は、「仁・義・礼・智」の四つの徳のうちの二つを意味している。この「四徳」は、孟子を後世に有名にしたもう一つの主張「性善説」の根拠であった。次に引く孟子の言葉を中学や高校の漢文の時間に目にした人も多いのではないだろうか。

人にはみな人に忍びない心（他人の不幸や難儀を黙って見過ごせない心）がある。……人にはみな人に忍びない心があるという理由は、たとえば人が突然子供が井戸に落ちようとするのを見たならば、誰しも怵惕惻隠《じゅってきそくいん》の心（はっと可哀想に感じる同情心）が生じる。それは、子供を助けてその親に取り入ろうとするからではない。仲間内で子供を助けたという評判を得たいがためでもない。助けなければ非難されることを恐れたからでもない。このことからみれば、惻隠の心がないのは人ではない。羞悪《しゅうお》の心（自分の不善を羞じ、人の不善を嫌悪する心）がないのは人ではない。辞譲の心（へりくだり譲る心）がないのは人ではない。是非の心（何が是か非かを判断する心）がないのは人ではない。惻隠の心は仁の端（端緒）である。羞悪の心は義の端である。辞譲の心は礼の端である。是非の心は智の端である。人にこの四端があるのは、ちょうど人に四体（両手両足）があるのと同じようなものだ。

やや長くなったが、これを整理すると次のようになる。

四徳　……　仁　義　礼　智　……　性
四端　……　惻隠　羞悪　辞譲　是非　……　情

孟子のいわゆる「性善説」とは、たとえば人にはみな「仁」という徳が「性」としてあるから、その発現として「惻隠」の心という人の不幸や難儀を見過ごせない心の動きとしての「情」があるというものである。逆にいえば、井戸に落ちようとする子供を見過ごせない「惻隠」の心が生じるという事実に即して、「仁」があるはずだというものであった。

「性善説」については、第八章でもう少し詳しく取り上げるつもりであるが、ここではこの「四徳」の提示によって、「仁」により個別の内容が割り当てられたことに注目してほしい。「仁」は、あらゆる良き徳性を含むものというような捉えどころのない概念でなく、「惻隠」の心が生じる根拠、すなわち他人に対する同情の心、思いやりや優しさに結びつくものとして、他の「義」「礼」「智」とその領域を分けたのである。

仁と愛

「仁」が「四徳」の一つとなったことによって、「仁」には人の良き徳性のうちの四分の一の内容が与えられたことになる。それは、「惻隠」の心という、他者に対する同情や思いやり、人としての温かさや優しさ、一言で言えば「愛」を意味している。実は、『論語』の中で弟子の問いかけに孔子が「愛」で答えたものもあった。

樊遅が仁を問うた。
孔子「人を愛することだ。」
（樊遅、仁を問ふ。子曰く「人を愛す。」）

孔子の答えは、すでに見た別の弟子たちに対するものと同様に、たまたまこのときのこの弟子には「人を愛すること」が求められたにすぎないのかもしれない。しかし、孟子が「仁」を「惻隠」の心と結びつけて以来、後世の儒者たちはしばしばこの孔子の言葉を根拠に「仁」を「愛」で解釈するようになる。たとえば、唐代の韓愈《かんゆ》という儒者は「仁」を「博愛」と定義した。

これに対して、何事にも細かい朱熹は、「仁」を「愛」ではなく「愛の理」と定義し、「愛」がそのまま「仁」ではなく、「仁」はあくまでも「愛」の「理」すなわち「愛」の根拠であることを強調する。これは、「性」と「情」を区別するもので、「愛」は「仁」という「性」から発した「情」であるということだ。朱熹がなぜこの区別にこだわるかといえば、それは、盲目的な「愛」や「溺愛」など、「愛」が常に正しく善きものであるとは限らないからで、「性」としての「仁」が絶対的に善であることと区別しなければならないからであった。朱熹によれば、「愛」という心の動きは「仁」に由来するものではあるが、「愛」をそのまま「仁」と同一視することはできないのであった。

以上のように、孟子の「仁義」あるいは「仁・義・礼・智」の「四徳」の提示によって、孔子においてはすべてを包み絶対的であった「仁」は、個別の内容をもつ相対的な徳目の一つとなった。とはいえ、やはり「仁」は別格であり、他の三者とは異なる地位を「仁」に与えたいという要請もあった。絶対的な「仁」と相対的な「仁」との関係を説明したのが、朱熹の尊敬した北宋時代の程頤《ていい》であった。

「偏言の仁」と「専言の仁」

程頤は、「仁」の二重性を「偏言《へんげん》すれば則《すなわ》ち一事、専言《せんげん》すれば則ち四者を包む」と説明する。「偏言すれば」とは、「仁」を他の三徳（義礼智）と並べて相対的に言えばということで、その場合「仁」は個別の内容を有する一つのことである。一方、「専言すれば」とは、その絶対性において「仁」だけについて言えばということで、その場合の「仁」は四者（仁義礼智）を包むものである。

つまり、「偏言の仁」とは、四徳の一つとしての「仁」であり、「専言の仁」とは、四徳とは別のレベルから四徳を包括する「仁」を意味する。「専言の仁」は、惻隠の心や愛としての「偏言の仁」を含むだけでなく、他の「義」「礼」「智」をも包括するということである。

このことを朱熹は次のように説明する。

仁は仁の本体（おおもと）、礼は仁の節文（すじめとあや）、義は仁の断制（きっぱりしたけじめ）、知は仁の分別（わけへだて）。」（『朱子語類』巻六）

煩瑣をいとわず言い換えれば、「偏言の仁」は「専言の仁」の大本が宿る段階、「礼」は「専言の仁」が美しいあやとしてとして現れたもの、「義」は「専言の仁」の持つきっぱりとしたけじめの側面、「知（智）」は「専言の仁」の持つ物事を弁別する側面、ということである。要するに、「四徳」のすべてに「仁」の力が行き渡り、それがもっとも直接的に働いているのが「四徳」の一つの「仁」＝「惻隠の心」というわけである。

ところで、「四徳」は一年の四季やそこにおける植物の変化になぞらえて語られることがある。それぞれの対応は次のようになる。

春	夏	秋	冬
生（芽生え）	長（成長）	収（収穫）	蔵（貯蔵）
仁	礼	義	智

「仁」の暖かいイメージは芽生えの季節である春に、「礼」の華やかなイメージは成長の最盛期である夏になぞらえられる。そして、「義」の厳格なイメージは、身の引き締まるひんやりとした風によって成長を終わらせ収穫を迎える秋に、「智」の奥深く蓄えられるイメージは、次の年の新たな芽生えを準備するためにじっと力を蓄える冬に重ね合わせられるのであった。

この対応によって「偏言の仁」と「専言の仁」の関係を説明すれば、「専言の仁」は植物の持つ生命力や命の温かさのようなものを意味し、これは「偏言の仁」に相当する春の芽吹きに最も感じ取ることができる。しかし、夏も秋も冬も生命力は途切れることなく別の様相（長・収・蔵）を示しているのであって、これが「専言の仁」が四徳を含むという意味なのであった。

以上のように、ずいぶんややこしい理屈をつけてでも、「仁」は別格であることを強調したい朱熹たちなのであった。

天地の心としての仁

「偏言の仁」と「専言の仁」の理論によって、「仁」の基本的なイメージは生きとし生けるものの生命力や命の温かさに象徴されることになった。そして、生きているということの温かみは、人の心としての思いやりやぬくもりに結びつけられたのである。朱熹はこの「仁」を、この世界そのものの「生生」としての有り様《よう》として次のように語っている。

天地は物を生み出し生かすことを心とするものである。そして、人や動植物の生も各々その天地の心を受けて心としているのである。だから、人の心が徳として得ているものをいえばあらゆるもの備えすべてに通じているのだが、ひと言でいえば仁ということになる。（「仁説」）

この世界は、次々と新たなものが生まれ、生まれたものはすべて生きるという方向に貫かれている。この「生生」という方向性こそが「仁」なのであり、それは「天地の心」であると同時に、それを得て生まれ出た人や動植物すべてに分有されている。特に、万物の長たる人は、「天地の生生の心」を「仁」として全《まっと》うしなければならない。つまり、「仁」は世界の基本的な有り様なのであり、人もそれに則《のっと》って生きることが最も自然で善いことだとされたのであった。

万物一体の仁

生きているということの温かさは、その温かさを感じ取り、伝え合う感覚・知覚なしでは成り立たない。生きているとは、感覚・知覚があること、そしてそれを生きとし生けるもの同士伝え合い共感できること、「仁」の意味するところは「万物一体」というところまで拡大する。

先ほど登場した北宋の程頤の兄である程顥《ていこう》は次のように語っている。

医学書に手足が麻痺したことを不仁とあるが、これが最もよく仁を形容している。仁者は、天地万物を一体とみなしているから、すべてが自分自身のことなのだ。自分のことだと考えれば、思いの至らないところがあるだろうか。自分のことだと考えなければ、おのずと自分とは無関係になってしまうのだ。ちょうど手足が麻痺して気が通じていないのと同じで、そういうときの手足は自分のものではない。（『程氏遺書』巻二上）

中国医学の用語である「不仁」は、感覚の無い麻痺した状態を指す。逆にいえば、「仁」とは感覚があることを意味するのであり、それはみずからの痛みを感じるだけでなく、他人の痛みも我がことのように感じ取れることを意味している。すべての人がすべての人の痛みを我が痛みとして感じ取ることができれば、自他の区別はなくなり「万物一体」の世界が実現する。「万物一体」などといえばずいぶん大仰な言い方に聞こえるかもしれないが、それは他人のことをみずからのこととして共感し合える世界ということで、「仁」はそうした世界観に立ってこそ実現できるものなのであった。

以上、孔子が素朴に語った「仁」は時代とともに様々な解釈を纏《まと》い、なんともご大層な概念になってしまった感が否めなくもない。朱子学の理屈っぽい解釈が孔子の考えを歪めてしまったという非難もうなずけなくもないのだが、朱子学を通して理解する方がわかりやすくなる場合も少なくない。それが何故なのかということは、朱子学自体にとっても、朱子学を経た私たち自身にとっても大きな問題ではあるのだが、そのことは後で改めて考えることにして、いま少し朱熹の案内で先に進んでみることにしよう。

第二章　義――ただしきこと、よろしきところ

次に取り上げるのは「義」である。序のところで述べたように、「義」の字を日本人は名乗りで「よし」と読む場合が多い。「よし」とは「よい（good）」の意味で、ずいぶん大雑把な訓だが、子供の名前に「義」の字を選ぶ親は、単によい人になってほしいという意味以上のものをこの字に込めるはずである。まずは私たちの使う日本語の中で「義」の字を含む言葉を眺めておこう。

日本語の中の義

日本語の中で「義」の字を含む熟語は、大きく次のように分けることができる。一つは、人としてそうするべき正しさを意味する「義務」や「正義」「義理」といった言葉である。前章で見た孟子の「義は人にとっての正しい路」も同じような意味で、人として履《ふ》み行うべき正しい道を指す。もっとも、「義理」という日本語には「義理と人情」や「義理チョコ」などのようにちょっと変わった用法もあり、これは日本人論にも結びつく特殊日本的なものなので後で詳しく取り上げたい。「義」の字が単独で使われる場合、たとえばやや時代がかった表現ではあるが「義によって助太刀《すけだち》いたす」など

もこの分類に入れることができるが、ここにも単なる正しさや正義感というだけの意味以上に、やや日本的な「義理人情」のニュアンスが含まれていよう。

もう一つは、「意義」や「定義」「同義語」などのように、意味のことを指す場合である。この用法は第一の分類に比べれば価値中立的であるが、それでも言葉の意味はもちろん正しい意味を想定したものであることにちがいはない。

もう一つ、とても興味深い用法は、「義兄弟」や「義理の父母」のように血縁関係のない親類関係を表すものと、「義眼」や「義足」のように実物ではない仮の物を指す場合である。いずれも本物ではなくいわば偽物であるが、ある種の関係や状況においてそう見なすものということであろうか。この用法の「義」の対義語は、「実の（父母）」「血を分けた（兄弟）」や「本物の（眼）」「生まれ持っての（足）」ということになるが、そうなるとこの「義」は天然自然ではない何か、人為による何かを意味することになる。最初の二つの用例に見た正しさを想定する「義」とはそぐわない感じのするこの用法が何に由来するのかは容易には明言できないが、「義」の字の使われ方の広がりとして覚えておきたい。

儒教道徳における義

ここで目を転じて、儒教道徳における「義」の意味を考えたい。前章で見たように、「義」は「四徳」の一つであり、孟子によればそれは「羞悪《しゅうお》の心」すなわち自分の不善不正を羞じ、人の不善不正を嫌悪する心としてあらわれる。

儒教の徳目は、「四徳」に限らず、いくつかセットになって提示される場合が多い。その中で中心的なものが「三綱五常《さんこうごじょう》」である。「三綱五常」は、儒教の生命線ともいうべき指標なのであった。

「三綱」とは、父と子、夫と妻、君と臣の三つの人間関係を意味する。この三者は、人がこの世で生きていく限り誰もが決して逃れることのできない関係である。現代風に言い換えれば、どんな人でもこの世に生を受けた限りは親子関係を免れないし、人類が継続するためには子孫を生み出す夫婦（男女）関係も必須、そして社会の中では何らかの上下関係はつきもの、ということである。この基本的人間関係においてどうあるのが正しいのか、特に子・妻・臣下の立場にとって父・夫・君は頼みの「綱」であるのだから、前者は後者に対してどうでなければならないのか、すなわち子としての「孝」、妻としての「貞」、臣下としての「忠」が「三綱」の具体的徳目となる。

このように、儒教徳目は、特定の人間関係においてどうあるべきかをいう場合が多い。そして、それは往々対等な関係ではなく上下や主従の関係であり、あるべきあり方を求められるのは下位の従属的立場の者である場合がほとんどである。しかし、これは本来は双方向のものであり、たとえば父子関係においては、父は「慈（慈愛に満ちた優しさ）」でなければならず、子は「孝」でなければならず、そうであってこそ父子関係は成り立つのであった。

あるいは、次のように、両者が良好な関係を保つための基礎として徳目が提示される場合もある。たとえばいわゆる「五倫」と呼ばれるものがそれで、父子における「親（したしみ）」、君臣における

「義（正義）」、夫婦における「別（けじめと役割分担）」、長幼における「序（年齢による序列）」、朋友における「信（信頼）」は、それぞれの関係にとって最も大切なものとされているのであった。

ところで、ここに「義」が登場する。「五倫」という五つの人間関係のうちの君臣関係において重視されるのが「義」なのであった。つまり、臣下に「忠」を求めるにしても、それは「義」によって結びついた君臣関係を前提としているということである。第六章の「忠」で改めて触れるが、一般に中国の君臣関係は、日本の君臣関係と比べてきわめてドライなものであるとされる。それは、日本の君臣関係がウェットな情によって結びついているのに対して、中国の君臣関係が「義」というある意味非情の正義に基づいているからなのである。

もう一つの「五常」とは、「四徳（仁・義・礼・智）」に「信」を加えたもので、「三綱」とは異なり、こちらは人間関係や立場に関わりなく人として「常」に変わらない五つの徳目を意味している。つまり、「義」は、いついかなる場面においても人として大切にすべきものであるが、それが特に問題となるのは君臣関係であるということなのである。

義を見て為さざるは

「義」と聞いて、真っ先に「義を見て為さざるは勇なきなり」という言葉を浮かべた人も多いのではないだろうか。そうするのが正しい、そうするべきだと知りつつも保身や利己心のためにそれをしないのは勇気がないということだ、というこの言葉は、『論語』に登場する孔子の言葉である。以下、

『論語』の中の「義」について見てみたい。
孔子は次のように語っている。

君子はこの世のあらゆる物事に対して、こうでなければという固執もなければ、これは絶対にだめだという頑固さもない。義に従って判断するだけだ。
（君子の天下に於けるや、適《てき》も無く、莫《ばく》も無し。義にこれ与《とも》に比《したが》ふ。）

理想の人格である「君子」は、何事に対してもこだわりを持たず、ただ「義」に則って淡々と対処する。ここにいう「義」とは、個人の好悪や思い込みに左右されない、公正な基準となるもので、「義」に従って対処する君子はむしろこだわりのない柔軟性を見せるのであった。
孔子の高弟である有子《ゆうし》にも次のような言葉がある。

約束事は、義に近いものであるほど言葉通りに履行できる。
（信、義に近ければ、言、復《ふ》むべし。）

人との信頼関係を保つためには、言ったことは実行しなければならない。しかし、「義」に反したことを言うと、様々なトラブルを招きやすく、結果的に実現できない場合が多い。まっとうで正しい約束ほど、すっきり履行できるものなのだ。ちなみに、朱熹はここの「義」を「事の宜《よろ》しき」と注釈している。物事のよろしきところ、すなわち妥当でもっともなことであるから、むしろスムーズに実現するというのである。

朱熹は次のように「義」の意味合いを表現している。

義とはするどい刃物のようなもので、心の中でごちゃごちゃしているものも、それによってすぱっと切り裂かれる。（『朱子語類』巻六）

義か利か

『論語』の中で、「義」はしばしば「利」と対比して語られる。その代表例が次の言葉である。

君子は義に明るく、小人《しょうじん》は利に明るい。

（君子は義に喩《さと》り、小人は利に喩る。）

「小人」とは、理想的な人格である「君子」の対義語として、不出来なつまらない人間を意味する。『論語』の中には、「君子」と「小人」が対比して語られる場合が多いのであるが、「君子」が「義」に明るく、何事もどうするのが正しいのかという「義」を考えて行動するのに対して、「小人」は

「利」のことだけには敏感で、何事もどうするのが自分の利益になるかという「利」を考えて行動する。つまり、「利」と対比される「義」は、利己的な損得勘定ではない、公正公平な判断基準なのであった。

孔子はまた「利に基づいて行動すると怨まれることが多い（利に放《よ》りて行はば怨み多し）」とも言っている。「利」のためにしたことが結果的に自分の不利を招く場合が多く、むしろ「利」よりも「義」に則って行動する方が、結果的に自分の「利」となることもあるということなのかもしれないが、「利」はあくまでも結果なのであって、「利」のために「義」を重んじるということはそもそも「義」ではないことは言うまでもない。

ちなみに、孔子も尊崇した儒教経典の一つ『易経《えききょう》』には、「利は義の和」という言葉がある。この場合の「利」は必ずしも悪い意味ではなく、物事がすっきりスムーズにいき、多くの人に利益をもたらすということだが、それは「義の和」すなわち「義」がより包括的で調和のとれた場合に良い意味での「利」となるということであった。

以上、「利」と対比して語られる「義」は、私利私欲を超えた公正公平さを意味する。そして、この「義」と「利」の弁別が、孔子以降の儒教の大きなテーマの一つとなり、朱子学においては次のような対立図式に集約されることとなる。

義＝公（公平公正）＝天理　vs　利＝私（私利私欲）＝人欲

「天理」とは、人間をも含む自然界全体の秩序を意味し、それは全体として美しく調和しているはずだから、人間もその調和を乱さないように生きることが自然であるというのが、朱子学の考え方であった。公平公正の「義」は、「天理」に即した人の生き方の指標になるのであり、常にそれを脅かすものが自分のことしか考えない「人欲」に基づく「利」なのであった。

義は内か外か

前章ですでに述べたように、孔子を継承したと自負する孟子は、「義」を「仁」とセットで「仁義」とし、それを儒教の旗印にした。「仁義」において、「仁」が人の落ち着き処とされるのに対して、それに基づく正しい行為の道筋が「義」とされた。また、「四徳」の中の「仁」と「義」は、それぞれ人としての温かさと正しさを意味し、それを「性」として誰もが持っているというのが、孟子の「性善説」であった。

もう一つ、孟子の「義」に関する議論として注目すべきは、「義」は人の内にあるのか、外から来るものなのかという論争である。この「義内説」対「義外説」の論争は、孟子が告子《こくし》という人物との間で繰り広げたものであった。

孟子の論敵である告子は次のように主張する。他人に対する愛情や同情は、人の心の自然の発露であるから、その根拠である「仁」は人の心に内在する。それに対して、人としてどうするのが正しいのかという規範は心の外に客観的にあるのだから、「義」は外在する。人は、客観的な状況に応じて外的な「義」に則ることによって、正しく善き行為をすることができるのであり、人間の「性」にあらかじめ「義」が内在しているわけではない。告子は、「性」に「善」の根拠があらかじめあるとした孟子の「性善説」そのものを否定し、「性」自体には善も悪もなく、善悪は外的な状況に拠《よ》ると考えていた。

これに対して、孟子は次のように反論する。人が正しく善き行為をするのは、それをすれば心地良く、それをしなければ後ろめたく恥ずかしいからである。つまり、どうするのが正しく善き行為なのかの根拠になる「義」は、人の心のおのずからなる動きに基づくのであり、客観的規範に見えるものも、それはあくまでも心の自然な動きを根拠としているのである。

要するに、この「義外」「義内」の論争は、道徳の根拠が人間の外にあるのか、人間性に内在するのかを争うものであった。孟子は、その「性善説」に拠り、「仁」だけでなく「義」も、人の心の中に「性」として内在するものとする。つまり、道徳の根拠は人の心の自然な動きに基礎づけられたのであった。

ちなみに、「義」の字が「義兄弟」や「義眼」のように、生まれつきや本来のものではないことを意味する場合があることについてはすでに触れたが、「義」が外からの二次的なものであるかのようなニュアンスは、「義外説」に拠るというよりも、むしろ「義外説」の生まれた所以《ゆえん》であるのかもしれない。

義理の学

「義」の意味をさらに考えるために、「義理」と熟した語に注目したい。本章のはじめで指摘したように、「義理」は日本において独特の意味を獲得し、日本人の思想を特徴付ける概念の一つとされることがある。日本語における「義理」の意味を考える前に、まずは中国における「義理」の意味を確認しておきたい。

中国の伝統的な思想史において、「義理の学」とは実は朱子学を指す。朱子学を「義理の学」と呼ぶとき、それは経書《けいしょ》と呼ばれる儒教経典の解釈において「義理」を探究する学問ということを意味している。

儒教の歴史は、経書という絶対的な書物群をいかに読むかによって、「漢唐訓詁学《くんこ》」「宋明《そうみん》義理学」「清朝考証学」というように時代区分される場合がある。漢代に国教化されて以来、訓詁学に終始し思想としての活力を失っていた儒教を、自分たちの生きる指針として蘇らせたのが朱子学であった。朱子学においては、経書を読むことは、単に文字の意味や古代の制度を即物的に研究することにとどまらず、みずからの生き方に関わる行為であった。経書を読むことを通じて、人としていかに生きるべきなのか、何が正しく何が妥当であるのかということを自分自身の問題として考え学ぶことが、朱子学にとっての学問の意味なのであり、それが「義理の学」なのであった。つまり、ここにいう「義理」とは、経書の言葉の正確な意味や意義を指す以上に、それが読み手である自分にとってどのような意味や意義をもっているのかという倫理性を含むものなのである。

朱熹は次のように語っている。

学問はもちろん読書にとどまるものではないが、読書をしなければ義理を明らかにするすべがない。(『朱子語類』巻一二〇)

朱熹たちにとっての学問とは、現代の私たちが学問という言葉からイメージするものとはちがい、特定の人たちによる特定の行為ではなく、誰もがより良き人たらんとして努力すること全般を指している。そういう意味においては、学問は経書を読むという特定の行為に限定されるものではなく、日常のあらゆる場面あらゆる行為に関わるものであるが、何が正しくどう生きるべきなのかという「義理」を知るためには経書を読まなければならない。いわば経書は人としての正しい生き方のルールブックのようなものなのだ。とはいえ、経書に書かれたルールは、読み手の心情とは無関係に定められたものではない。

朱熹は次のように言っている。

義理は、誰の心においても同じものだから、それを究明するのはむしろたやすいことだ。それに対して、科挙《かきょ》のための学問は、人としての本分の外のことだから、かえって難しい。(『朱子語類』巻十三)

「科挙のための学問」とは、官吏登用試験のための受験勉強のことである。受験勉強が人としての自然で正しい生き方とは無関係であるがゆえにかえってつらいものであるのに対して、「義理」を求める学問は自分自身の生き方に関わることであり、誰もが本来自分自身の中にあるものを再確認することであるからむしろたやすい。つまり、経書に書かれた「義理」とは、外側から強制的に与えられた正しさではなく、人間の自然な心情に根ざすものと考えられていたのである。ここにも、孟子の主張した「性善説」と「義内説」が貫かれているのであった。

以上、中国の伝統思想における「義理」とは、端的には言葉の正しい意味を指すのであるが、それが経書の言葉の「義理」となるとき、その正しさは倫理的な意味合いを色濃く帯び、場合によってはきわめて主観的な意味を経書に付与することになる。ちなみに、「宋明義理学」に続く「清朝考証学」は、「義理学」の恣意的解釈を批判して、より実証的な経書研究を唱えたのであった。もっとも、「意味」という概念がそもそも、まして「正しい」という形容詞がつけばなおさら、その探究がどれだけ主観を排したものであり得るかは疑問であり、朱熹その人も本人の意識の中ではいわゆる客観的実証的な態度で経書を読むことを旨《むね》としていたのである。

義理チョコ

いつ誰が言い始めたのかわからないが、「義理チョコ」といういかにも日本人的な表現がある。そもそも、今や年中行事のように全国津々浦々の店頭でチョコレート商戦が繰り広げられ、老いも若きも甘い夢やほろ苦い思いに翻弄されるバレンタインデーなるものそのものが、外来の風習の日本的な変化の一例に他ならないのであるが、それがいつしか「義理チョコ」というきわめて日本的習慣を生んだ。

「義理チョコ」とは、なんとも絶妙なネーミングではないか。「義務チョコ」では、強制するようでちっとも有難味がない。まして人としてあげるべき「正義」のチョコレートなど、まったく意味不明である。「本命」ではないことをさり気なくかつ強烈に示しつつ、場の雰囲気を和ませる気配りのできる女性であることを匂わせて、それこそ「浮世の義理」で職場や立ち回り先の男性にチョコレートを用意する世の女性たちの心情をうまくとらえたのが「義理チョコ」という言葉なのであろう。逆にいえば、気の利かない女性だと思われたくないがために、あるいはその場の気まずさを避けたいがために、チョコレートを用意せざるをえない気持ちにさせるもの、それが日本式の「義理」の正体なのである。日本の「義理」は、義務感や正義感とは別のところ、そんなに大仰《おおぎょう》ではなくもっと素朴な人の気持ちに関わるところで人を縛るものなのである。

もっとも、最近は「義理チョコ」という習慣に批判的な意見も堂々と表明されるようになった。つまり、場を和ませるはずの「義理チョコ」がかえって無言のプレッシャーとなりお互いに気を遣わせ合うギクシャクした状況を作ってしまったということなのだろう。「義理」でお金を使ってチョコレートを配るくらいならば、気の合う友だちにあげたり、自分へのご褒美にした方がいい。こうしたいわゆる「本音」が出てしまえば、「義理チョコ」の「義理」は消え、残るのは義務感だけになるが、さすがに誰も「義務チョコ」は望まないし、それこそそんな義務を負う「義理」もない。「義務」ではなく、「本音」と折り合いをつけられる心情のところに「義理」の意識が働いていたのである。

義理と人情

「義理と人情」という言い方がある。こう言えば「義理」と「人情」は対立するもののように聞こえるかもしれないが、「義理チョコ」の例で見たように「義理」はけっして非人情的なものではない。ちなみに、日中辞典で日本式の「義理」を引くと、中国語で「人情」という文字に訳されている例もある。後述するように「義理」と「人情」が対立するものとしてあえて強調される場合もあるが、その場合はむしろ「人情」を際立たせるために「義理」の心情的側面が抑えられ、あたかも「人情」を押し殺す外的な拘束という面が強調されたにすぎない。その場合でも、「義理」を気にせずにいられない「人情」がもう一つの「人情」と絡み合っているのであった。したがって、「義理」と「人情」はときに「義理人情」という一つの心情として、日本人の行動原理となっているのである。

私たち日本人はしばしば「義理」で行動する。本当は行きたくない集まりに「義理」で顔を出したり、本音では断りたいことも「義理」で引き受けたりする。こうした「義理」を何か別の言葉に置き換えてみるとどうなるだろうか。相手の顔を立てるため、相手の好意や恩義に報いるため、つき合いの悪い奴だと思われたくないから、今後の人間関係をスムーズにしたいから……そして何よりもそうしないと後ろめたく居心地が悪いから、私たちは「義理を欠く」ことを避けようとする。些細な恩も忘れず律儀にそれに報いようとする人は「義理堅い」と呼ばれ、約束を果たせなかったり礼儀を失したり、相手に顔向けできないことをすれば「不義理」をしたと謝る。

こうして見ると、日本人にとっての「義理」が人とのつき合いに関わるものであり、それがきわめて心情的な問題であることが見えてくる。これは、中国の「義理」のもつ「正しさ」とは異質なものであり、客観性や公平性といった「正しさ」の根拠以上に、その場の雰囲気や人の気持ちといった曖昧なものに左右されてることがわかる。

こうした日本人の「義理」あるいは「義理人情」が、日本人だけのものなのか、他国他民族の人たちにはまったく理解できないものなのか、「義理人情」を英語やフランス語に正確に翻訳することができるのか、それはなかなか断言できない。ただ、近代以降、社会学や人類学をはじめ様々な日本文化論において「義理」が日本人の特性の一つとしてしばしば取り上げられたことだけは確かである。「義理」あるいは「義理人情」は、たとえば「粋《いき》」や「侘《わ》び」あるいは「本音と建て前」や「意地」「恥」といった日本人論や日本文化論の常套句と同様に、日本人の不可思議な行動原理として注目されてきたのである。

しかし、それよりもはるか以前に、この「義理」「義理人情」、あるいは「義理」と「人情」を自覚し、それを意識的に利用する営みがあった。江戸時代の井原西鶴や近松門左衛門らによる文芸の世界である。

虚構としての義理

江戸時代、元禄文化を代表する作家として活躍した井原西鶴に『武家義理物語』という作品がある。西鶴が描いた武士の「義理」とは、痩せても枯れても武士の一分《いちぶん》を守るため、意地を張って面目を立てようとするものであり、そうした「義理」に縛られた貧乏武士たちの滑稽さと悲哀が、当時の読者たちの心情に響いたのである。西鶴はまた、数多くの浮世草子で町人の「義理」も描いている。このいわゆる「浮世の義理」は、借金返済の「義理」であったり世間のつき合いの「義理」であったりするが、互いに「義理」を果たすことが彼らの生活の潤滑油になっているのであった。

西鶴が文学作品という虚構の世界であえてテーマに取り上げた「義理」は、多くの読者の共感を呼んだ。言い換えれば、それを狙ったからこそ西鶴は「義理」に縛られる人々の喜悲劇を描き続けたのであり、西鶴によって「義理」は日本人の抜き差しならない、そして愛すべき特徴として明示されたのである。

「義理」をより一層意識的に手法として用いたのが人形浄瑠璃作家の近松門左衛門であった。近松は「某《それがし》が憂《うれい》はみな義理を専らとす」（『難波土産』）と語り、「義理詰め」という手法を意図的に用いた。

人形浄瑠璃は「憂（つらさ悲しさ）」によって見ている人たちの涙を誘うことを主眼としているが、そのためにいかにも悲しそうな節回しや言葉を連ねるのではなく、筋立てに幾重にも錯綜する「義理」を張り巡らせ、主人公たちが「義理」によって追い詰められていく様をむしろ淡々と表現する。

観客は、「義理」と「人情（情け）」にがんじがらめになって、あちらを立てればこちらが立たず、まさににっちもさっちもいかなくなってもう心中するしかないといった主人公たちの状況に感情移入することで涙を流す。これが近松のいう「義理詰め」という悲劇の手法であった。

こうした「義理詰め」的作品は、近松以降も多く生み出され、近松においては「義理」と「情け」の葛藤であったものが、やがて両者の対立へと変化する。「義理」は「人情」を押し殺す外的な圧力として強調され、「人情」への感情移入を誘うために、「義理」はときに憎むべき悪役を果たすことになるのであった。あるいは、「義理」と「人情」とが渾然一体となった心性は、任侠物などの中に継承される。「仁義なき戦い」や「兄弟仁義」などに見える「仁義」の意味が、中国由来の意味とは大きくかけ離れたものになっていることは、「義理」の場合と同様なのである。

近松以来のこうした伝統は、近代以降も演劇や文学の世界で繰り返され、多くの日本人のお涙を頂戴してきた。どれだけ「義理」を憎まれ役に描いても、「義理」に縛られ「義理」に泣かされる「人情」という図式抜きの「人情」では、日本人の好む虚構の世界は成り立たなかったのである。

日本において「正義の話をしよう」

以上のように、「義」あるいは「義理」という概念は、中国伝統の意味と現代の日本人にとっての意味とでは大きな隔たりがある。繰り返せば、中国における「義」「義理」が個人的な利欲や心情を排した公正さを意味するのに対して、私たち日本人にとっての「義」「義理」は、人とのつき合いの中で互いに負わせ合う負債感情のようなものを意味している。もちろん、孟子が強調したように中国の「義」「義理」も人の自然な感情をその根拠にしているのであり、日本人の「義」「義理」に客観的な正しさの意識がないわけではない。しかし、両者の隔たりは、たとえば「義理の学」と呼ばれる朱子学が「義理堅い」人になるための学問ではなく、孟子の「仁義」とヤクザ映画の「仁義」とはまったく別物であることからも明らかであろう。

少し前の話になるが、二〇一〇年、テレビで人気を博した「ハーバード白熱教室」のマイケル・サンデル教授に『これからの「正義」の話をしよう』という著書があり、それをきっかけに「正義」の問題がしばしば話題になった。「正義」にも「義」の字が含まれるが、日本において「正義」と呼ばれるものが、サンデル教授のいうjusticeと同じものかどうか議論があるところであろう。「義」に付せられた「正」しさが、どれだけ日本人的主観を排したものであり得るか、「これからの」すなわち未来に向けた「正義」の問題以上に、私たちは日本における「正義」の問題を考えなければならないのではないか。そのためにも、本書で取り上げた「義」の字の意味の奥行きと日本的「義理」の本質をいま一度考えてみることも無駄ではあるまい。

第三章　礼——美しきあや

次は「礼」である。「礼」という言葉は、私たちの生活の中の様々な場面にも登場する。挨拶やお辞儀をしたり相手をもてなすことを「礼」といい、丁寧に「御《お》」の字を付ければ感謝の言葉やそれを表す金品を意味する。武道やスポーツでよく言われる「礼に始まり礼に終わる」とは、実際には試合や練習の前後に頭を下げ合うことであるが、それはもちろん相手に対する敬意を示し合うことである。私たちにとっての「礼」とは、特定の状況で特定の行為をすることによって相手に敬意や感謝を示すことであり、相手を軽んじるような行為や発言は、「失礼」「無礼」と非難される。つまり、「礼」そのものは形式的な行為であるが、そこには相手に対する敬意や感謝という内実が前提とされているのである。そして、「礼儀」正しくあることは、ときに堅苦しく窮屈に感じられることもあるが、「親しき仲にも礼儀あり」ともあるように、「礼」は人間関係をよりよく保つために大切なことだと考えられている。

「礼」の字にも訓読みはないが、名乗りでは「あや」あるいは「のり」と読む場合が多い。「あや」は「綾」「彩」と同じく美しい模様の意味であり、「のり」は「則」「法」「範」と同じく秩序や法則性や決まり事を意味する。日本人は昔から「礼」の字に美しきあやとしての秩序の意味を読み取っていたのである。

天理の節文、人事の儀則

私たちにとっての「礼」が、人とのつき合いを円滑にし人間社会を秩序づけ美しく彩《いろど》るものであるのに対して、中国の伝統的な「礼」の意味するところはより幅広い。それは、人間の世界にとどまらず、人間がその一部であるこの自然界全体の美しきあやを意味するのであった。

朱熹は、「礼」を「天理の節文《せつぶん》、人事の儀則《ぎそく》」（『論語集注』）と定義している。前章でも触れたように、「天理」とは人間をも含むこの自然界全体の秩序や調和を意味し、「天理の節文」とは、その自然界全体の秩序や調和が織りなす美しいあやを指す。一方、「人事の儀則」というのは、人間社会の決まり事、礼儀や儀礼、マナーやセレモニーを意味する。私たちが一般に「礼」という言葉で思い浮かべるのは、この「人事の儀則」の方なのである。朱熹はこの両者を並べているが、人間もこの自然界の一部である限り、「人事の儀則」は「天理の節文」の一部なのである。

古い時代の儒教経典にも、たとえば次のような「礼」の定義が見える。

礼とは、天の不変の道理、地の正しき秩序、それらに則った民の行為である。（『春秋左氏伝《さしでん》』昭公二五年）

礼なるものは、天の運行に合致し、地の恵みを生み出し、霊妙な力と方向を同じくし、人の心に合致し、万物を秩序づけるものである。（『礼記《らいき》』礼器）

つまり、私たちにとっては人間世界のことにすぎない「礼」は、中国伝統の意味においては、「天」「地」「人」を貫くものなのであり、人間社会の「礼」は「天」や「地」という自然界全体の秩序と調和に基礎付けられているのであった。

自然から作為へ

私たちは「礼」を決まり事と考え、それに従うことが社会人としての正しいふるまいであると考える。つまり、「礼」は自分の気分や考えのままに自然にふるまうのではなく、自分の外側にある規範に意識的に則ることだと考えられている。だから、ときに「礼」は形式的で強制的なものとして、人の心の自然な動きを縛る窮屈なものと感じられる。しかし、「礼」は本来、天地自然を一貫して人間の世界にも現れた美しきあやなのである。

朱熹は次のように説明する。

「曲礼《きょくらい》三百、威儀三千」というが、すべて人がそうせざるを得ず、どうしてもそうでなければならないものばかりであって、聖人がこれらを意図的に用意して人を縛ったのではない。（『朱子語類』

巻十八）

「曲礼三百、威儀三千」というのは、おびただしい数にのぼる「礼」の細々とした決まり事のことである。こうした細かいルールはすべて人為的に定められ、そうしなければならない規則として人を縛るもののように感じられるかもしれない。しかし、それらはすべて人がその場に身を置けばどうしてもそうせずにはいられないもの、そうしなければかえって不自然で居心地が悪いものなのである。つまり、「礼」が先にあって人がそれに則るのではなく、人の心が場面場面に応じて自然に変化しそれに基づいて行動する、その行動のパターンが「礼」だとされているのだ。

これは、「礼」がどのように生まれたかということを語っている。人は相手や場面に応じて異なる感情を抱き、その感情に素直に従えば異なる行動様式をとる。そうした人間の行動の全体をもし外側から眺めることができたとすれば、人の行動は行き当たりばったりではなく、そこにはある種のパターンが看《み》て取れる。それは美しい文様のようにあやをなしている。それが「礼」なのだ。

とはいえ、ひとたび「礼」と意識されたものは、個々人の気持ちとは関係なく、こういう場面にはこうしなければならないものとなってしまうのは言うまでもない。そのとき、「礼」が本来人情の自然に由来するという根拠は、それをしないのは人情に反するという口実で、人にそれを強制する根拠に変じてしまうのであった。

なぜ喪服を着るのか

私たちは場面に応じて服装を変えることを、礼儀をわきまえた行為だと考える。その最たるものが喪服であろう。葬式に喪服を着て参列するのは、私たちにしてみればそれが礼儀でありマナーであるからなのだが、そもそもなぜ黒い服を着るかといえば、悲しみのあまりとても明るい色を着る気持ちにはなれなかったからと説明することもできよう。もっとも、中国の古い時代の喪服は黒ではなく、色は生成《きな》りである。悲しいから黒を着るというのは、必ずしも普遍的な人情の自然ではないということだ。

古代の中国には「五服」の制度といって、死者との関係の近い遠いを五段階に分け、喪服の形式を五段階に分ける制度があった。死者との関係が近ければ近いほど悲しみが深いのは人情の自然であり、関係が遠ざかれば悲しみは自然に薄くなる。そうした人情の自然が形になって表れたのが五段階の喪服とされたのであった。

たとえば、もっとも近い関係とされるのは親子であり、親の喪に当たって子が着るべき喪服は、いわば最上級の喪服であるが、それはむしろみすぼらしくきちんと整ったものではない。なぜなら、親の死に際しての子の悲しみは最上級の悲しみであるから、とても身なりを整える余裕はないからだ。悲しみのあまり縁《ふち》をかがることもできないので切りっぱなしの服を着、立ち上がることもできないので杖をつく。

ところが、この喪服がひとたび「礼」として認識されてしまうと、悲しみの度合いというきわめて個人的な心情が一律に段階分けされ、縁をかがることくらいできる子でも切りっぱなしの喪服を着、自力で歩ける子でも杖を持たなければならない。これは、私たちがあまり馴染みのない人の葬式に義理で出席し、正直なところ大して悲しみを感じていなくても喪服を着るのと同様である。

しかしながら、形が気持ちを左右するという場合もある。形式にすぎないと思っていた「礼」に則り喪服を着、粛々と進められる葬礼に加わることによって、悲しみの容量がほどよく増減することもある。それにもまして、あえて「礼」を無視したときの居心地の悪さを思い浮かべてみてほしい。それは、非常識だと思われることに対する居たたまれなさかもしれないが、そのとき人は心の中で必死に「形ではなく気持ちの問題だ」と弁解する。本当に故人の死を悲しんでいるのならば服装は関係ないと自分に言い訳をすることが、かえって本当に悲しんでいるという自分の感情を捏造することにもなりかねない。これは、「礼」を無視したつもりがかえって「礼」を意識することになり増幅した感情と言えよう。

つまり、「礼」という形式は、人をその気にさせやすいものだということだ。そして、「礼」に従うにせよ逆らうにせよ、その最大の口実は気持ちという内実の問題なのであった。

三年の喪

数ある「礼」の中で、中国儒教において最も重視される「礼」は「三年の喪《も》」である。親の死に際して、子は足かけ三年間公職を退き、墓の側に小屋を建て、粗衣粗食の生活をしながら喪に服す。この「三年の喪」が特別な「礼」とされるのは、子の親に対する「孝」があらゆる徳目の最上位にあるからなのだが、「孝」の絶対性については第七章で改めて取り上げたい。

この「三年の喪」も、他の「礼」と同様、人情の自然に由来するものとされる。最も身近で大切な親の死に際しては、子は悲しみのあまりとても仕事などできず、食欲もなく、日々涙に暮れるしかない。その悲しみたるや本来無限のもので、三年間に限定できるものではないが、かといって悲しみのあまり子が一生泣き暮らし、果ては命を落としてしまっては子孫を残すという最大の孝行ができないから、あえて三年と区切ったのだ。

しかし、先に述べたように、それがひとたび「礼」と認識されるや、「三年の喪」は子たる者の守るべき社会的務めとなる。三年もたたずに普通の生活に戻ることができる人もいるかもしれないし、三年たっても悲しみの癒えない人もいるかもしれない。悲しいとはいえ、仕事に励み元気で暮らすことが親への供養だと無理をする人もいるかもしれない。つまり、三年という具体的数字やその間にどのような暮らし方をするかということが、万人の心情に妥当するとは限らないということだ。それでも、「三年の喪」という「礼」は、中国の伝統社会においては制度化し、喪の明けないうちに公の場に出入りしたり、暖衣飽食の生活をしたり、子供を作ったりすれば、親不孝者として社会的信用を失うのであった。

ちなみに、現代の私たちにも喪に服すという「礼」はある。身内に不幸があれば、一年間は祝い事を取りやめたり、年賀状を喪中の通知にしたりといった習慣は、今の日本社会においても一般的であるが、言うまでもなくこの一年という数字が三年よりも妥当である根拠が特にあるわけではない。

実は、『論語』の中ですでにこの「三年の喪」が長すぎるのではないかという話題が登場している。宰我《さいが》という弟子が孔子に、三年の喪は一年でも十分ではないかと問いかけているのである。三年も通常の生活をしなければ礼や音楽も廃《すた》れてしまうし、何事も一年を単位にするのだから一年に短縮してもよいのではないかというのであった。これに対して孔子は「親の死後わずか一年で、米の飯を食べ、きれいな着物を着ることは、お前は平気なのか」、「お前が平気ならばそうすればよい。君子は喪にあっては、美味を食べてもおいしいと感じず、音楽を聴いても楽しくないし、安穏と暮らすことはできない。だからそういうことはしないのだ。もしお前が平気であるのならばそうすればよい」と言い放つ。そして、宰我が退出した後、「宰我はなんと冷たいやつだ。子どもは生まれて三年は父母に抱かれることなしには生きられない。三年の喪は天下の通喪だ。宰我には父母に対する三年の愛情もないのか」と嘆いたのであった。

孔子のいう「三年の喪は天下の通喪だ」とは、「三年の喪」は天下を通じていついかなる状況にあっても人が守るべき「礼」であるという意味であるが、これはこの「礼」がいついかなる状況にあっても人に共通する感情に由来すると考えられていたということである。

虚礼は廃止すべきか

『論語』の中にもう一つ注目すべき「礼」に関するやりとりがある。それは、いわゆる「虚礼」をめぐるものであった。「虚礼」とは、本来の意味やそれに込められた気持ちがなくなって、形式だけになってしまっている「礼」のことである。今日においても、たとえば年賀状やお歳暮・お中元は「虚礼」だからやめてもよいのではないかというような意見を聞くことがあるのではないだろうか。

弟子の子貢《しこう》が、形骸化した儀式に犠牲として供える羊を廃止してはどうかと孔子に問いかけたところ、孔子は「お前は羊を惜しむが、私は礼を惜しむ」と答える。

孔子は、たとえ形だけになってしまった「虚礼」でも、その形を守るべきだと考えていたのだ。形さえもなくなれば、「礼」は跡形《あとかた》もなく消え失せ、もう二度とその「礼」に込められていた思いは戻って来ない。形だけでも残っていれば、いつか誰かによってその「礼」の意味が見出されるかもしれないのだ。孔子が「虚礼」であっても守るべきだと考えたのは、見失われてしまった古い時代の人の思いに敬意を示したからにほかならない。

とはいえ、そうした孔子であっても、「礼」が形だけでよいと考えていたわけではない。「礼」は形式よりも中味や気持ちが肝心であることは言うまでもないのであった。孔子は、次のような言葉を残している。

礼は、派手にするよりはむしろ質素にしなさい。葬式は、形式を整えることよりもむしろ悲しみなさい。

（礼は其の奢《おご》らんよりは寧《むし》ろ倹せよ。喪は其の易《おさ》めんよりは寧ろ戚《いた》め。）

孔子が最も重んじる儀礼は葬式であるが、それですら立派できちんと形式が守られてはいるが誰も悲しんではいない葬式よりは、質素で整わないところがあっても集まった人たちが心底悲しんでいる葬式の方がましだというのである。

つまり、人として「礼」がいかに大切であっても、それはあくまでもその人の内実の表れとして大切なのであって、中味のない人が外面だけを繕《つくろ》う「礼」は無意味なのであった。

人にして仁ならずんば

孔子は次のように語っている。

人であって仁でなければ、礼が何だというのだ。人として仁でなければ、楽《がく》が何だというのだ。

（人にして仁ならずんば、礼を如何《いかん》。人にして仁ならずんば、楽を如何。）

人として「仁」であることを目指すのが孔子たちにとっての最大の目標であることについては、第一章ですでに見たとおりである。つまり、人にとって大切なことはその人柄や心根という中味なのであって、それを欠いて「礼」だの「楽」だのを云々することは無意味であり欺瞞であることを、孔子はこの言葉で語っているのであった。

なお、ここで「礼」と並べて「楽」が語られているが、「楽」とは音楽のことで、「礼」と「楽」はしばしば一体のものとして語られ、「礼楽」とひとくくりにされる場合も多い。「礼」と「楽」の関係についてては後述するが、ここでは「礼」や「楽」といった形式の内に、「仁」という中味が期待されていることを確認しておきたい。逆にいえば、「仁」なる人を外から見れば、その言動は「礼」をなしているということである。「仁」者こそ、その心の自然な動きに応じて行動することが美しいあやをなしうる人物であるということだ。

ちなみに、ここで第一章で取り上げた顔淵と孔子の「仁」をめぐるやりとりを思い出してもらいたい。「仁」とは何かを問う顔回に、孔子は「己《おのれ》に打ち克ち、礼に復《かえ》る」ことと答え、具体的な着手点を問う顔淵に、孔子は「礼に非ざれば視ることなかれ、聴くことなかれ、言うことなかれ、動くことなかれ」と答えたのであった。孔子はなぜ「仁」という人としての内実を語るのに「礼」という形式の問題を持ち出し、「仁」へのアプローチとしてすべての言動を「礼」に則るよう指示したのか。それは、「礼」が「仁」者の自然な言動の軌跡であり、「仁」に達していない者は形から「仁」者を模倣するしかないからであった。今の「礼」は、古の「仁」者たちの心の跡なのであり、もし自分が「仁」者ならば必ずそのようにふるまうはずのものなのだ。それならば、心や中味という目に見えないものよりも、目に見える形としての「礼」から着手する方が着実ではないか。

繰り返せば、「仁」者が状況に応じて心のままにふるまう様を外から見たとき、そこに見えるある種のパターンや型が「礼」なのであり、内の「仁」と外の「礼」は表裏一体と考えられていたのである。目に見えない内をごまかし、外だけを取り繕うことは往々あり得ることかもしれない。孔子が

「人にして仁ならずんば礼を如何せん」と嘆いたのも、そういう輩《やから》が多かったからにほかならない。しかし、内が「仁」であるのに外が「不礼」であることはあり得ないと考える以上、「礼」に外《はず》れることはそのまま内の「不仁」を意味することになる。現代の私たちであれば「人は見かけによらない」と言って、外の「不礼」にもかかわらず実は内は「仁」というパターンを想定するかもしれないが、孔子たちにとっては「人は見かけによる」のであった。そうであれば、「礼」は人を縛るものではなく、「礼」に見合った内実としての「仁」を獲得するための最も有効な方便なのであった。

礼と楽

先ほど述べたとおり、「礼」はしばしば「楽」とセットで語られる。「楽」は「らく（たのしい）」ではなく「がく」で、音楽を意味するのであるが、なぜ「礼」と音楽が一緒に語られるのか。一つは、儀礼や儀式に音楽がつきものであるからで、音楽は「礼」の一部と考えられているのである。もう一つは、音楽そのものが音階やリズムなどある種の秩序や調和をともなうものであるからだ。音楽は、単なる音ではない。そこに何らかの規則性があり、何よりも聴き手の心に訴えかける何ものかがあってこそ、その音の連なりは音楽と受け取られる。このように、音楽のもつ法則性や調和、あるいはそれが人の心に響く美しさや心地よさは、「礼」と共通するものなのである。

一方で、「礼」と「楽」には異なる役割が期待されて、両者相俟《あいま》ってこそよしとする考え方もある。「礼」に関する諸説を集めた儒教の経典の一つ『礼記《らいき》』には、次のような言葉が見える。

楽は天地の調和、礼は天地の秩序。

楽は変えることのできない人情、礼は変えることのできない道理である。楽は同じであることを統合して共感へとつなげ、礼は異なることを弁別してけじめを作り出す。礼楽の説は人情をほどよく調整する。

礼を理解していても楽を知らないのを粗野《そや》という。反対に、楽に明るくても礼を知らないのを偏屈という。

以上をまとめると次のように整理できよう。

「礼」――秩序――理――区別……粗野
「楽」――調和――情――統合……偏屈

とかく堅苦しくなりがちな「礼」になごやかさを与えるものが「楽」なのであり、ともすると安逸に流れやすい「楽」にけじめを与えるものが「礼」なのであった。なごやかな中にもけじめがあり、厳格な区別が全体として美しく調和している様《さま》、これが天地自然の姿であり、その一部としての人間社会のあるべき姿なのであった。

なお、前章で述べたように、中国の伝統思想ではしばしば様々な概念のグループを対応させて、それをイメージの連鎖で説明しようとする。「四徳（仁義礼智）」を四季（春夏秋冬）に対応させる例をすでに見たが、次のように「礼」と「楽」を割り振る例もある。

春に芽吹き夏に成長するのは仁である。秋に収穫し冬に貯蔵するのは義である。仁は楽に近く、義は礼に近い。（『礼記』）

「楽」の和やかな調和のイメージは「仁」の温かさに通じ、「礼」のきっぱりとした秩序のイメージは「義」の厳格さに通じるということなのである。

儒教の礼治

話を「礼」に戻そう。儒教において「礼」は、その政治思想の核心でもあった。儒教は、いわゆる法治ではなく、礼治を政治理念としているのだ。

孔子は、理想の統治を次のように語っている。

民を法律で導き刑罰で秩序づければ、民は悪いことをして法の網目を逃れても恥じる気持ちを持たない。それに対して、道徳で導き礼で秩序づければ、民に悪事を恥じる気持ちが生まれ治世が実現する。

（これを道《みち》びくに政を以てし、これを斉《ととの》ふるに刑を以てすれば、民免れて恥づること無し。これを道びくに徳を以てし、これを斉ふるに礼を以てすれば、恥有りて且つ至る。）

孔子は、法律と刑罰による政治、すなわち法治ではなく、道徳と礼による礼治によってこそ、民はその良心を発揮させ、自発的に悪事を恥じて正しい行動をするようになると考えた。

刑罰をちらつかせた法律ではなく「礼」による統治とは、社会の秩序を人々の良心に根拠付けたもので、暗黙の内に「性善説」が前提となっている。人がその良心に則って行動し合えば、社会はおのずと正しい秩序と美しい調和を獲得するであろうという孔子の礼治思想は、同時に上に立つ為政者の道徳性を前提とする。礼治は何よりも徳治でなければならないのであり、上に立つ君主の「徳」に感化されて、民はその良心を目覚めさせることができるのであった。より「徳」の高い人がより高い立場に立って、法ではなく「礼」に基づく政治を行い、それによって人々が善なる本性を発揮し合う社会、それが孔子の理想とした社会であった。その際、「礼」だけでなく「楽」も有効に作用すると考えられていたことは、次の言葉にも看て取れよう。

風俗を変化させるには楽《がく》に勝るものはない。為政者の立場を安定させ民を治めるには礼に勝るものはない。（『孝経』）

残念ながら孔子が理想とした礼治あるいは徳治は、中国だけでなくどこの国においてもいまだかつて実現していない。現実は、ほぼすべての国は今も昔も法治国家であり、それが統治システムの暗黙の前提となっている。かりに「礼」や「徳」による統治を言う者がいれば、法に比べて曖昧で主観的な「礼」や「徳」を政治システムの中に持ち込むことは、法治の不徹底として非難されることになりかねない。とはいえ、法治国家に生きる私たちも、ときに為政者の「人柄」を云々《うんぬん》し、法律ではなくマナーであることに市民としてのプライドや良心を込める場合がある。総理大臣の支持率を測るアンケートに「人柄が信用できないから」という項目があり、それが往々不支持の理由の上位に挙げられているということは、法治国家の私たちにも徳治への希求があるのかしれない。

荀子の性悪説と礼

先に述べたように、孔子が理想とした礼治あるいは徳治は、「性善説」を前提としていた。それに対して、私たちにもなじみ深い法治は「性悪説」に基づくものであるということができる。すなわち、法律はそれを犯した場合の罰則抜きには成り立たないものであり、罰則を設けることで法律を守らせるという発想は、人は罰則なしでは法に触れる悪事をしかねないという考えが前提となっているということである。

ところで、中国の伝統思想において「性悪説」は荀子という儒者が唱えたものとして知られている。「性善説」で有名な孟子よりも少し後の時代に生きた荀子は、その「性悪説」ゆえにときに法家《ほうか》の思想家と勘ちがいされるが、彼は立派な儒者であった。というのも、荀子は「性悪説」に則りながらも法ではなく「礼」による統治や教育を主張したのであった。

荀子はこのように語っている。

礼はどこから生まれたか。人は生まれながらに欲がある。何かを欲して得られなければどうしても求めずにはいられない。求めることに際限がなければ他人と争わざるを得ない。争えば混乱が生じ、混乱すれば困窮する。先王はその混乱を嫌い、礼義を制定して社会を秩序づけ、それによって人の欲をほどよく調整し、人の求めるものを得られるようにし、欲によって物が奪い合いになり困窮することがないように欲と物のバランスをとるようにした。これが礼の起源である。ゆえに、礼とは人の欲をほどよく養うことである。(『荀子』礼論篇)

荀子によれば、人には生まれつき利己的な欲があり、それをそのままにしておけば世の中は奪い合いになり、結果として人々は困窮する。そこで、それを防ぐために先王すなわち古の聖人は「礼」によって人々の欲を調節し、世の困窮を救わんとした。つまり、荀子は「礼」を先王の意図的な作為によって生み出されたものであると考えていたのである。

孔子や孟子にしろ、荀子にしろ、儒教においては、古の聖王たちが作り出し残してくれた「礼」や道徳は普遍的で完璧なものであり、後世の人々の範となるものと考えられていた。ただその上で、聖王自身の道徳性が強調されれば「性善説」に基づく徳治が理想とされ、その場合の礼治は有徳の聖王になぞらえた人情の自然に基づくものという面が強調されることになる。それに対して、荀子のように聖王の作為性を強調すれば、それは「性悪説」を前提とすることになり、その場合の礼治は限りなく法治に近いものにならざるを得ないのであった。

礼治への期待と不安

かつて魯迅は、儒教を「吃人的礼教」と呼び厳しく批判した。ここにいう「礼教」とはまさしく儒教のことで、「吃人（人を食う）」とは比喩ではなく人が人肉を食らうというなんともグロテスクな所業を意味している。古い時代の中国には「割股《かっこ》」といって、親の病のために子がみずからの股《また》の肉を割いて親に食べさせるという風習があり、それが親孝行の極みとされていたのであった。詳しくは第七章の「孝」のところで改めて取り上げるが、親孝行の美名をまとい、それをしなければ親不孝者とみなされてしまうのではないかという圧力のもと、人が人の肉を食らうというおぞましい行為が肯定されてしまうような社会、魯迅が批判したのは、そうした「礼教」の殊勝《しゅしょう》げな道徳によって人々が人間性を麻痺させた社会なのであった。

先に述べたように、「礼」による秩序は「法」による秩序にくらべて、より人間の善性に信頼をおくものである。罰則のある法律で禁止するのではなく、人々が良心や自負心から自発的に一定のルールやマナーを守り合うことは、より良き社会の姿であるということもできなくはない。魯迅の痛烈な批判、社会主義革命による伝統文化の徹底的否定を経て、儒教が改めて見直されている現在の中国において、この「礼」による秩序維持が儒教の現代的意味として強調されることも少なくない。

しかしながら、「礼」には「法」よりも恐ろしい側面もある。法律であるならば誰の目にも見える境界線が「礼」の場合は見えにくい。何が「礼」であるのか、それは分かる人には当たり前の常識であり、人情の自然にかなったものと思うこともできるかもしれない。もちろんそう思う人が多いからこそその「礼」は「礼」として機能しているのである。しかし、どの時代、どの社会においても、少数であるかもしれないがその「礼」に違和感を持つ人たちが必ずいるはずである。世間で当たり前のこととされていることが当たり前だと感じられない彼らにとって、法のように明文化されない「礼」ほど厄介なものはない。それはいわば社会の至る所に張り巡らされた見えない有刺鉄線のようなもので、その刺に傷だらけになる人々もいるということだ。あらかじめ引かれた一線を越えてしまったときに与えられる罰よりも、見えない一線を無意識に越えてしまったときに与えられる他人の冷たい視線、いわゆる社会的制裁の方が残酷である場合もあるのではないか。

それだけでなく、実は多くの人にとっても、「礼」は自然なものであるとは限らない。昨今よく言われる「同調圧力」によって、「礼」を守ることを余儀なくされている人は少なくないのではないか。魯迅の唾棄した礼教としての儒教とは、まさしくそのような社会の無言の相互監視によって、人々の素朴で自由な判断力を麻痺させるものなのであった。

人類未曾有の試練ともいうべきコロナ禍の中、禁止令ではなく自粛要請によって行動が制限された日本において、私たちは本当にみずからの良心と責任において自発的に行動できたのかを、いま改めて考えてみるべきなのだろう。

第四章　智（知）——智に働けば角が立つ？

夏目漱石の小説『草枕』の冒頭に次の言葉がある。

智に働けば角《かど》が立つ。情に棹《さお》させば流される。意地を通せば窮屈だ。とかくに人の世は住みにくい。

「智に働く」すなわち知性に基づき理知的にふるまうと、世間ではとかく角が立つという戸惑いは、当時の「智」の旗手であった漱石がしばしば直面した現実であったのだろう。「人の世」というものは、とかく「智」者の正論を毛嫌いする。そして、ここで漱石が「智」と並べているのが「情」であることにも注目したい。「智」ではなく「情」、頭ではなく心、理屈ではなく気持ちといった対比は、今の私たちにもなじみ深いもので、こうした対比において、前者は往々損な役回りを押しつけられる。「いくら頭が良くったって……」「勉強ばかりしていると……」「理屈はそうかもしれないが……」等々、この言わずもがなの「……」に世の「智」者はしばしば苦い思いをさせられる。

言うまでもなく、「智」あるいは「知」は、決して悪いものではない。むしろ、人は知性に敬意を示し、知識を重んじ、理知的でありたいと願う。そのくせどこかで「知」だけでは及び得ない何かを「情」や「心」や「気持ち」という言葉で大事に守ろうとする。こうした「知」に対するアンビバレントな感情は、「知」の側に立つ者に対するある種のひがみやコンプレックスに由来するものなのかもしれないが、同時に「知」そのものの持つ危うさを敏感に嗅ぎ取った健全な感覚に由るものとも言えよう。「そんなに単純に割り切れるものではない」という感覚は、より明晰に分かろうとするのが宿命の「知」への警戒心なのかもしれない。

なお、「智」と「知」は中国古典の中では相通用する字であり、意味に違いはない。本書の中では原文の用字のまま混用することを断っておきたい。

知よりも仁

『論語』においても、「知」は重んじられつつも常に二番手以下の地位におかれている。たとえば、孔子は次のように、一番手の「仁者」とそれに次ぐ「知者」のちがいを語っている。

仁者は仁にくつろぎ、知者は仁を良きものと知って目指す。

（仁者は仁に安んじ、知者は仁を利とす。）

「仁者」は言うまでもなく「仁」であるのだから、「仁」であることを意識せず、ゆったりと自然に「仁」である。それに対して、「知者」はその「知」ゆえに「仁」の大切さを熟知し、そうありたいと心から望んでいる。しかし、知っていてそうでありたいというレベルは、知らずにいるよりはましだとはいえ、すでにそれを身に得ていてそれが自然になっている境地にはかなわない。つまり、「知」という段階には、常に自分と対象との間に区別や隔たりがあるのであり、それは究極の境地とはいえないということなのだ。

孔子には次のような言葉もある。

知っているということは好むことに及ばない。好むことは楽しむことに及ばない。
（これを知る者はこれを好む者に如《し》かず、これを好む者はこれを楽しむ者に如かず。）

何かを知っているというよりも、それを好むという方が上で、さらにそれを楽しむ境地の方が上だというこの言葉は、対象となる何かと自分との距離感によってその優劣が語られている。何かを知っているという場合、その何かと自分との間には明らかな区別がなければならない。そうでなければ、人はその何かを知ることはできない。しかし、その明確に自分と隔てられた対象は、そもそも自分にとってどんな意味があるのか。もしその何かを理屈抜きに好きだとしたら、その何かはより自分に身近なものとなる。否、好きだというのはまだその何かを自分の外においている。その何かを意識することなく、それとともにあることを楽しめたならば、それこそが孔子の求めた最上の境地なのだった。ちなみに、孔子にとってのその何かとは、人としての「道」であり、「仁」ということなのだが。
このように、東洋の伝統的な考え方においては、「知」のような徹底した自他の区別よりも、自他の区別を越えた一体感が重んじられる。言い換えれば、「知」による意識的営為よりも、「知」を越えた無意識の境地、自然の境地が上とされるのであった。

知り得ぬものには

孔子は同時に、「知」の限界を語っている。本書でもすでに何度か登場した樊遅《はんち》という弟子が「知とは何か」を尋ねたのに対して、孔子は次のように答えている。

ふつうに生きる人としての正義に努め、鬼神《きしん》のことは敬して遠ざけるようにするならば、知と呼ぶことができる。
（民の義を務め、鬼神を敬してこれを遠ざく、知と謂ふべし。）

ごく当たり前の人としての正しい在り方は、当然知り得るものであり、知らなければならない。しかし、「鬼神」といった死後の霊のような不可思議なものについては、容易に知ることはできないし、あえて知ろうとする必要はない。その区別をわきまえ知り、知り得ぬものにまで「知」の触手を伸ばそうとしないこと、これをこそ「知」ということができる、と孔子は語っている。ちなみに、孔子は、不可知の「鬼神」を否定しているのではない。「敬して遠ざける」、すなわち存在を無視したり否定するのではなく、敬意を示しつつ実際には遠ざけて関わらないこと、これが「知」の態度なのであった。

つまり、「知」とは、その対象を無限に拡大し、あらゆる物事を知り尽くそうとすることではない。知り得るものや知らなければならないことを知り、知り得ぬものや知らなくてもよいことをむやみに知ろうとしない、その分別《ふんべつ》こそが本当の「知」なのだ。そして、「知」の及ばないものに対しては「敬して遠ざける」という態度を保ち、「知」の限界を謙虚にわきまえることが、孔子のいう「知」であった。

同様な意味から、孔子はいわゆる「無知の知」を語っている。子路《しろ》（由《ゆう》）という弟子に、孔子は次のように言う。

由よ、お前に知るということを教えようか。知っていることを知っているとし、知らないことを知らないとする、これが知るということだ。

（由よ、女《なんじ》にこれを知ることを誨《おし》へんか。これを知るをこれを知ると為し、知らざるを知らずと為す、これ知るなり。）

知っていることと知らないこと、知り得るものと知り得ぬもの、知らなければならないことと知らなくてもよいこと、これらの区別をわきまえ、知らないことや知り得ぬものの存在を否定するのではなくみずからの「知」の先にある何者かに敬意を示すこと、これが孔子のいう「知」なのであった。そして、そうした本物の「知」であればこそ、「知者」は「仁者」と並び立つことができるのであった。次の孔子の言葉においては、「知者」と「仁者」に優劣はなく、ただ両者の示すイメージに違いがあることが語られている。

知者は水を楽しみ、仁者は山を楽しむ。知者は動き、仁者は静かである。知者は楽しみ、仁者は長生きする。

（知者は水を楽しみ、仁者は山を楽しむ。知者は動き、仁者は静かなり。知者は楽しみ、仁者は寿《いのちなが》し。）

「知者」は水の流れのような動的な変化を楽しむことができるのに対して、「仁者」は山のようにどっしり落ち着いた生き方により天寿を全《まっと》うできるのであった。

「学ぶ者」としての人間

以上のように、『論語』に見える「知」あるいは「知者」は、孔子たちにとって最高の境地ではなかった。彼らが目指したのは、「知」という分別《ふんべつ》や意識的営為を越えた境地なのであり、その境地にある者を「仁者」と呼んだのである。「知者」は、みずからの限界を謙虚に認めるときにだけ、「仁者」と並び立つことができるのであるが、それとて「仁者」を凌駕する別の境地というわけではなく、「知者」であればこそ、「仁者」の方が上であることを熟知していることに変わりはない。

第一章で述べたように、孔子たちは「仁」を求め、「仁者」＝「君子」になることを目指していた。目指している限り、彼らが「仁者」であったとは言い難い。後世の儒者に言わせれば、孔子は立派な「仁者」であったのだろうが、孔子自身の意識においては、みずからは「仁」を求めている者にすぎない。無意識で自然の境地を、意識的努力によって追い求め続けること、孔子の一生はそのような困難な道のりであったのである。そして、この道のりを歩み続けることを、孔子は「学」と呼んだのであった。

「学ぶ者」としての人間にとって、ただ一つの頼みの綱は「知」であった。「学ぶ者」でしかあり得ない私たちは、「知」を頼りに一歩一歩地道に歩み続けるしかない。その「知」が、目標到達への最後の障害となるにしても、私たちは意識的な「知」によってしか無意識の境地に近づいていくことはできない。この困難かつ矛盾に満ちた行程を現実的に支えるものがあるとすれば、それは時間の流れ、時間の蓄積しかない。長い時間をかけて「学」び続け、習熟していくことによってのみ、「知」は「知」を越えて、自然なる境地にたどり着くことができるのである。

『論語』冒頭の有名な言葉「学びて時にこれを習ふ、また説《よろこ》ばしからずや」は、学ぶことを継続することによって習熟したものをふと実感したときにわき上がる嬉しさを語ったものなのであろう。このつかの間感じるよろこばしさこそが、「知」がみずからの限界を打ち破った瞬間のきらめきなのであった。

このように、「知」には限界があるが、その限界の先にたどり着くためには「知」によって「学」び続けるほか道はないということを最も自覚していたのが朱子学の祖たる朱熹であった。朱子学がその主知主義ゆえに、後世、人情をわきまえない頭でっかちの「道学先生」だとか、口先のきれい事ばかりで実行のともなわない理屈屋だとか散々批判されたとしても、朱熹にとって、否「仁者」＝君子ではない凡人の私たち人間にとって、「知」は唯一無二の道であったのだ。そして、この道はたどり着けない道かもしれないが、この道を歩み続けるしかないという覚悟こそ、朱熹の学問であり生き様《ざま》であった。

以下、朱子学における「知」の意味をもう少し掘り下げてみたい。

「物に格りて知を致す」

朱熹がその学問の一歩目に掲げたのは「格物致知《かくぶつちち》」であった。「物《もの》に格《いた》りて知《ち》を致《いた》す」とよむこの言葉は、『大学』という儒教経典に登場する「八条目」を典拠にしている。『大学』の「八条目」とは、「天下を平らかにする」という遠大な目標のためにまずは何をすべきかという項目を八段階に掘り下げたもので、その一番最初が「格物」であり「致知」であった。「八条目」を着手すべき順に並べると以下の通りになる。

格物＝致知→誠意→正心→修身→斉家→治国→平天下

一番下の最終目標から一つずつ遡るように説明すると、「天下を平らかにする」ことを望むならばまずは自分の「国を治める」ことに努めなければならない。「国を治める」ことを望むならば家長として「家を斉《ととの》える」ようにしなければならない。「家を斉える」ためにはまずはみずからの「身を修《おさ》める」ようにしなければならない。「身を修める」ためには、その「心を正す」ことが必要だ。……ここまでは、比較的わかりやすい。「天下を平らかにする」、すなわち世界平和の実現という大目標のために、為政者たる者はつまるところみずからの心を正して行動を慎み、身近な家から自国の安定に心がけるという行程表は、現実味はないにしても理屈としてはわかりにくいものではない。

問題はその先で、「心を正す」ために「意を誠《まこと》にする」ことが求められ、さらにそのために「知を致す」ことと「物に格る」ことが表裏一体のものとして求められているのである。ちなみに「致知」と「格物」の関係だけは他とは異なり、「致知」のためにはまず「格物」ではなく、「致知は格物に在り」といって両者は同時進行するものとして提示されている。「心を正す」というだけでも、その曖昧さはともかく、ある意味十分第一歩になりそうな表現をさらに分析して、その前提として求められる「意を誠にする」とは何か。さらにそのための着手点とされている「致知」「格物」とは何なのだろうか。

「意を誠《まこと》にする」とは、「意」と呼ばれる心の動きを後ろめたさのない確かなもの、すなわち「誠」

なる状態にすることを意味している。人の心の動きには様々な要素が錯綜する。認識や判断もあれば、好悪などの感情もある。「意を誠にする」とは、こうした心の中の様々な動きが互いに矛盾することなく、スムーズに連動するようにすることである。たとえば、良いと認識し判断したことは、そのまま好み、良くないと認識し判断したことは、それをそのまま憎むように、心の動きの中にギャップがない状態、それが「誠」なのである。

さらにいえば、良いと判断したことは、それをそのまま好むがゆえに、思わずそれを行い、良くないと判断したことは、それをそのまま憎むがゆえに、絶対にそれを行わないこと、これが「誠」の及ぶところなのである。逆にいえば、良いと思いつつもその実行をためらい、その結果後ろめたさを感じたり、良くないと知りながらついやってしまって後悔したりする心の状態は「誠」ではないのである。

さて、そのように心の動きである「意」を「誠」なる状態にし、心の中に後ろめたさや後悔がまったくない状態にするために求められるのが「致知」であり「格物」であった。「致知」について、朱熹は次のように説明している。

致知とは、窮極のところまで推し致し、徹底的に窮め尽くして、心底絶対にそうであるとわかることだ。程子のいう虎に襲われて怪我をした人の譬《たと》えはとてもよい。（『朱子語類』巻十八）

「致知」すなわち「知を致す」とは、「知る」ということを徹底的に極め尽くすことであるが、この場合極め尽くすのは「知」の対象ではない。つまり、あらゆるものを知り尽くすという意味ではなく、極め尽くすべきはいわば「知」の深さであり、どれだけ実感的に知り得ているのかということであった。朱熹の言葉の最後にある「虎に襲われて怪我をした人の譬え」とは、虎の恐ろしさは、本当に虎に襲われて怪我をした経験のある人以上に深く実感的に知ることはないという話である。

そして、このように深く知ることを裏側から支えているのが「格物」であった。「格物」の「物」とは、いわゆる物質・物体としての「物」だけではなく、物事とでも呼ぶべきより幅広い概念である。「格」は「いたる」とよみ、「物に格る」とは、動かしようもない現実の物事の絶対性にぶち当たり、実感的に思い知ることを意味している。

再び朱熹の言葉を見てみよう。

格物とは、絶対にこうであるということが本当にわかるようでなければならない。子として孝を知らない者、臣下として忠を知らない者がどこにいようか。誰でもそういうことは知っているのだ。ただ、子であれば絶対に孝でなければならず、臣下であれば絶対に忠でなければならないことが本当にわかって、必ずそのように行動するようでなければならないのだ。（『朱子語類』巻十五）

つまり、人はどうにもならない現実の物事を体験することを通じてはじめて「知」を実感的に深めることができるのである。上に引いた例でいえば、どうにもならない現実とは、親や君主に対して子として臣下としてどのようにふるまえばどのような気持ちになるのかという偽らざる実感を意味している。親孝行が良いことだと知っていながら実行しないのは、本当の意味で知らないからで、親不孝をしたらどのような後ろめたい気持ちになるのか、親孝行をすればどのような良い気持ちになるのかという実感に照らして本当に知っていれば、思わず親孝行をせずにはいられない。この時、良いことだという判断や認識と、そうするのが気持ちよいからやりたいという感情と、そして実際にそれを行うことが、何の齟齬《そご》もなくスムーズに連動し、「意」が「誠」になるのであった。

知と行

以上のように、朱熹のいう「致知」とは、いわゆる知性の拡充や精鋭化というよりは、むしろ体験に基づき実感を深めることであった。そして、その実感的「知」の深さは、何よりもその実践・実行によって証明されることになる。知っていても行わないのは本当に知っているとは言えない、本当に知っていればおのずと行うはずだ、という意味において、目に見えない「知」は、常に誰の目にも明らかな「行」によってその深度を測られることになるのであった。

朱子学を説明する際に、「知先行後《ちせんこうご》」という言葉が使われることがある。まず知って、その後で行うという意味だか、朱子学は「知」を優先し「行」は二の次にする知識偏重型の口先だけの理屈屋で、きれい事は言うが何も実践しない、というイメージは、後世の朱子学に常につきまとうものであった。

たしかに、朱熹には次のような発言もある。

知と行は常に互いに他を不可欠としている。ちょうど目はあっても足がなければ歩けず、足はあっても目がなければ見えないようなものだ。先後を論ずれば知が先、軽重を論ずれば行が重い。

（『朱子語類』巻九）

「先後を論ずれば知が先」という朱熹の言葉は、朱子学の「知先行後」を証拠立てるものではあるが、すでに述べたところで明らかなように、「知」と「行」についての朱熹の基本的な考えは、むしろ「知行同時」とでもいうべきものであった。たしかにあえて言えばまず「知」があるのかもしれないが、この「知」が十分に発揮されているか否かは「行」によってのみ計られる。かりに知っていても行わないようであれば、そのような表面的な「知」は「知」としての価値がないのであり、そうした浅い「知」に甘んじていられるのは、「格物」に裏打ちされた「致知」ができていないからにほかならないのであった。

ちなみに、「知」と「行」の関係についてよく知られているのが、陽明学のスローガン「知行合一《ちこうごういつ》」である。むしろ、朱子学を批判した陽明学が「知行合一」を唱えたことにより、朱子学の「知先行後」のイメージは決定的になったということもできよう。

王陽明は次のように「知行合一」を説明する。

『大学』は人に真の知を示して「好色を好むが如《ごと》く、悪臭を悪《にく》むが如く」といっている。きれいなもの（好色）を見るのは知に属し、それを好むのは行に属す。ただそのきれいなものを見た瞬間には自然とそれを好んでいるのであって、見た後で別の心が改めて好むのではない。悪臭を嗅ぐのは知に属し、悪臭を嫌うのは行に属す。とはいえ悪臭を嗅いだ瞬間には自然にそれを嫌っているのであって、嗅いだ後で別の心が改めて嫌うのではない。鼻がつまった人であれば、いくら悪臭が目の前にあってもそんなに嫌がったりしないのは、その臭さを知らないからである。同じように、たとえ親への孝や年長者への弟（従順さ）を知っていると言う人がいても、その人が本当にそのように行動してはじめて孝や弟を知っていると言うことができるのだ。まさか孝や弟の話ができるというだけで、その人が孝や弟を知っているとは言えまい。……知と行はどうして離れようか。（『伝習録』巻上）

あるものを見て、きれいだと思うということは同時にそれを好んでいるのであり、臭いと感じるということは同時にそれを嫌っている。きれいだと思ったり、臭いと感じたりすることは「知」であり、好んだり嫌ったりすることは「行」であるから、「知」と「行」は本来一体のものであるというのが、王陽明のいう「知行合一」であった。陽明は、「知行合一」というスローガンから連想されるような「知ったことは行わなければならない」式の行動第一主義を唱えているのではない。もちろん、きれいだと思えばそれを好んでいるのだからおのずと顔をほころばせてそちらに近づいていくかもしれないし、臭いと感じればそれを嫌っているのだから、思わず顔をそむけるという行為に及ぶかもしれない。しかし、陽明が「知行合一」について強調したかったのは、「知」と「行」が本来一連のものであったということで、これは先に取り上げた「意」を「誠」にすると同じことを語っているのであった。

「知」と「行」がスムーズに連動した状態を「誠」と考えることは、朱熹も陽明も変わらない。両者に違いがあるとすれば、朱熹は「意」を「誠」するために自分の外側に客観的に存在する「物」に即して「知」を深めることを前提としたのに対して、陽明は外在の「物」に頼ることなくみずからの内面的良心に徹底的に問いかけることを通して「意」は「誠」になると考えていたということである。

理を窮める

ところで、朱熹のいう「格物」「致知」には、もう一つ厄介な問題があった。それは、朱熹が「知」の対象として「理」という字を持ち出したことに由来する。「理」の字を登場させたことによって、朱熹の「知」はより知性としての普遍性を獲得したと同時に、「知」の孕む危うさを引き受けざるを得なくなったのであった。

先に引いた『大学』八条目の「致知は格物に在り」という言葉に、朱熹は次のような解説を補っている。

いわゆる致知は格物に在りとは、自分の知を致そうとするならば、その実際の着手点は物に即してその理を窮めることに在るということだ。そもそも、霊妙な人の心にはあらゆることを知り得る知があり、天下の物事にはすべて理がある。ただ理において十分に窮めていないところがあるので、知にも尽くされていないところがあるだけなのだ。（『大学章句』）

ここで朱熹は、「知」の対象を単なる「物」ではなく、「物」の「理」だとし、天下のあらゆる「物」にはそれぞれ「理」があり、人の心はそれを知ることができるとしている。これは、「理学」と呼ばれることもある朱子学の基本的な考え方を集約した言葉であるのだが、そのことの詳しい説明は拙著『朱子学入門』に譲り、今は詳しく取り上げない。差し当たりここでは、「理」を物事の「意味」や「意義」の意味として考えてみてほしい。朱熹の言葉を言い直せば「この世界のあらゆる物事にはそれぞれ意味があり、私たちの心はそれを知ることができる」ということになる。

物事を知るとは物事の意味を知ることだ、というのは、当たり前のことを言っているにすぎないと聞こえるかもしれない。そもそも「意味」という概念を、物事において知り得る何かであると定義することもできるのであるから、それでは同語反復であって、何も言っていないに等しいということにもなろう。しかし、ここで少し「意味」というものを見つめ直してみてほしい。「意味」があるというのは、何があることなのか。本当に「意味」はあるのか。あるとしても、その「意味」が唯一の正しい「意味」であることを何によって保証するのか。物事の「意味」は、人によってそれぞれなのではないか。そもそも無「意味」なこともあるのではないか。……そう改めて問い直してみるとき、「意味」というものが存外曖昧で恣意的で、捉えどころのない危ういものであることに気づくのではないだろうか。

こうした「意味」への問いかけは、そのまま朱子学における「理」についても当てはまる。朱熹は「物に即してその理を窮める」ことを人の「知」に求めている。しかし、「理」＝「意味」というものが孕む危うさを考え合わせるならば、ことはそう単純にはいかないのであり、朱熹はそのことを十分警戒していたのであった。

「理」の字を持ち出した当の本人であるにもかかわらず、朱熹は改めて『大学』本文の「格物」という表現の価値を強調している。

（『大学』は）「窮理」とは言わず、「格物」と言っている。つまり、理と言えばとらえどころがなくなってしまい、物は時として（理と）離れてしまうのに対して、物といえば理はおのずとそこにあり、自然に（物と理が）離れることはないのだ。（『朱子語類』巻十五）

朱熹が危惧したのは、「理」が現実の物事を離れ、言葉によっていかようにも語られてしまうことであった。言葉によって抽象化された「理」は、朱熹が「知」に求めた各自の実感的深まりを置き去りに、その説得力の根拠を別の何かに求めざるを得ないのであった。

事実、朱子学を批判した王陽明は、朱子学における「理」が特定の誰かの恣意的な「定理」となり、みずからの「心」の実感とは没交渉《ぼつこうしょう》になってしまうことを次のように批判している。

朱子がいう格物とは、物に即してその理を窮めるということである。物に即して理を窮めるとは、一つ一つの事物の上にいわゆる定理を求めることに他ならない。……それでは心と理を二つに分けてしまう。（『伝習録』巻中）

しかし、朱熹自身も次のように語っているのである。

「格物」とは事物に即して当然の理を求めることにほかならない。たとえば臣下の（理である）忠は、臣下であればおのずと忠でなければならず、子の（理である）孝は、子であればおのずと孝でなければならない。ためしに子たる者が不孝の行いをして自分の心がどう感じるかをみてみればよい。火は熱く水は冷たいのは、火や水の性が自然にそうであるからだ。あらゆる物事について当然のところを求めるだけのこと、求めすぎてはいけない。求めすぎると怪しげなことになってしまう。（『朱子語類』巻一二〇）

朱熹は、「理」そのものを誰もがごく自然に感じ取れる「当然の理」と捉え直すことによって、

「理」の抽象性や恣意性に歯止めをかけようとしている。そして、それ以上の何かを求めることを戒めて「求めすぎてはいけない。求めすぎると怪しげなことになってしまう」と警告を発しているのであった。

聖人のことは不可知

「学ぶ者」として、「知」を唯一の道としつつも、朱熹は「知」の孕む危険性と限界を熟知していた。繰り返せば、「知」は世界をそのつど単純化し、わかるものに矮小化する。私たちは、わかるだけしかわからないのであり、その外側にわからないものがあることを忘れようとする。わからないものがあることは、人の心を不安にするからだ。特に、「知」るべき対象が「理」＝「意味」でしかあり得ないならば、その単純化され矮小化された世界は、誰かの恣意によって自分自身の実感とは別に定められてしまう可能性もある。

孔子も語ったように、わからないもの、知り得ぬものについては「敬して遠ざく」しかない。その分別と謙虚な態度が本当の「知」だというのが孔子の考えであった。一方、あらゆるものには「理」があり、人の心はそれを知ることができるという大前提にもかかわらず、朱熹にも不可知のこととして「敬遠」し、あえて語らない領域があった。それは、聖人のことであった。

朱熹は、『論語』に見える孔子の言動について、ときに不可知の態度をとる。孔子はなにゆえそのように語ったのか、それを自分たちの論理で強引に説明するよりは、聖人のことは不可知としてそのままで受けとめようとする。なぜなら、自分たちは聖人ではない以上、聖人の心は知りようがないからだ。「知」を頼りに聖人の境地をめざした朱熹は、それが境地の問題であるからこそ、「知」による合理化の届かない領域として「敬遠」したのであった。

こうした、朱熹にとっての「知」の外側の問題については、最終章で改めて考えてみるつもりである。

第五章　信——まことを見せろ！

「仁」「義」「礼」「智」とくれば、最後を締めくくるのは「信」である。この五つは「五常《ごじょう》」と呼ばれ、儒教徳目の代表とされる。すでに触れたように、「仁」「義」「礼」「智」は「四徳《しとく》」とひと括《くく》りにされる場合もあるが、これに「信」が加わり「五常」となることの意味については、後ほど詳しく取り上げたい。

私たちの日本語における「信」の字は、「信頼」「信用」「信義」「信託」「信念」「信仰」などの熟語になり、訓読みではなく「信《しん》じる」とそのまま音読みされる。「信じる」とは、相手に対してであれ、自分に対してであれ、そこに何か確かなものを認め、疑わないことである。

「信」は、一文字の名乗りでは「まこと」と読む場合が多い。「まこと」は「真事《まこと》」「真実」であり、本当のこと、嘘偽りではないことを意味する。「まこと」と読む漢字は、他にも「誠」「真」「忠」「実」「諒」等たくさんあるが、その中でも代表的な「誠」と「信」とのちがいについても、最後に考えてみるつもりである。

信なくんば

まずは例によって『論語』の中の「信」について見てみよう。孔子は次のように語っている。

人として信がなければ、うまくいったためしを知らない。
（人にして信無くんば、其の可なることを知らざるなり。）

孔子のいう「信」とは、端的には言行一致、言葉にしたことを実行し、約束を果たすことを意味している。「信」の字のつくりに「言」が含まれているのはゆえ無しとしない。言ったことを必ず実行してこそ、人はその人を信頼するのであり、そうした信頼が得られない人が人間社会においてうまくいくはずはない。どれだけ立派なことを考えたり口で言ったりしても、結局のところそれを実際に行うことがなければ、その人は信用されないのである。

また、政治の要諦《ようてい》を尋ねた弟子に、孔子は、民が十分食べられるようにすること、軍備を十分整えること、そして民に「信」を持たせることの三つを挙げている。そして、その三つのうちやむを得ずどれかを捨てるとすればまずは軍備、次は食糧の順であるとし、「信」だけは最後まで守らなければならないと答えている。命にかかわる食糧よりも民の「信」を重んじることはやや意外かもしれないが、孔子は次のように言う。

昔から誰にでも死はある。民に信がなければ何事も成り立たない。
（古より皆死あり。民、信無くんば立たず。）

世の中の安定のために最も必要なことは、先々に対する安心や信頼である。たとえ今日腹一杯食べられたとしても、明日はどうなるかわからないという不確かな状況では、世の中は成り立たない。逆に、今はひもじくとも、我慢すれば必ず食べられる日が来ると信じることができれば、今の苦しさに耐えられる場合もある。そのためには、上に立つ為政者が言行を一致させ、民に信頼されるようでなければならない。それだけでなく、為政者に対する「信」が民を感化し、民自身においても互いに「信」を重んじるようになれば、嘘偽りのない誠実な世の中が実現するのであった。

ところで、「信」の意味が言行一致であるならば、「信」を守るためにはできるだけ「言」を控えめにして、できそうもないことは最初から言わない方がよいという考えもある。いささか消極的な態度のようではあるが、孔子はしばしば発言を慎重にするよう求めている。

君子は、言葉は控えめで、行動は敏速でありたいと願う。
（君子は言に訥《とつ》にして、行に敏ならんと欲す。）

君子は、言葉が行動を上回ることを恥じる。

（君子は其の言の其の行に過ぐるを恥づ。）

これは、あらかじめ発言を控えることによって「信」を守ろうという打算ではない。「信」であろうとすれば、軽々しい発言や約束ができるはずはない、おのずと言葉は控えめになるはずだというのが孔子の考えであった。第一章で引用した次のやりとりを思い出してもらいたい。

司馬牛が仁を問うた。
孔子「仁者はその発言が慎重だ。」
司馬牛「その発言が慎重であれば、仁と言えるのでしょうか。」
孔子「実行するのは難しいのだから、それをあらかじめ言うときは慎重にならざるを得ないではないか。」

（司馬牛、仁を問ふ。子曰く「仁者は其の言や訒《じん》。」曰く「其の言や訒、斯《こ》れこれを仁と謂ふべきか。」子曰く「これを為すこと難し、これを言ふに訒なること無きを得んや。」）

『論語』に見える「君子」「仁者」のイメージがどちらかといえば口数の少ない控えめな人物像であり、反対に能弁な人物に対しては「言葉巧みで愛想のいい人物には、少ないなぁ仁は（巧言令色、鮮《すく》なし仁）」などと言って警戒感が示されているのは、孔子の重んじる「信」が言行一致を意味しているからにほかならない。

信、義に近ければ

ここでもう一つ、「信」について考えなければならない問題がある。すなわち、「信」の意味が言行の一致であるならば、一致さえすればその言行の内容は何であってもよいのかという問題である。あげ足をとるようだが、約束を果たすことが「信」であるならば、悪事を予告し、それを成し遂げた場合も「信」と呼べるのであろうか。不敵にも盗みを予告し、見事盗み出した盗賊の頭《かしら》は、一統の頭としての信頼は得られるであろうし、時代劇の主人公であればそれなりに格好よく描くこともできるかもしれない。しかし、それを徳目としての「信」と同一視することはためらわれるのではないか。

このことを考えるために、「信」と「五常」の他の徳目とがどのような関係として提示されているかに注目してみたい。特に、道義的正しさを示す「義」との対比において、「信」はどのように語られているのか。これも第二章ですでに引用したものであるが、孔子の高弟有子《ゆうし》の次の言葉を再び取り上げてみよう。

約束事は、義に近いものであるほど言葉通りに履行できる。
（信、義に近ければ、言、復《ふ》むべし。）

すでに述べたように、「義」は正しいこと、道理にかなって適切であることを意味している。ここの「信」は約束を果たすことだが、約束の内容が「義」に近いものであればあるほどその実現の可能性は高まるとされているのだ。逆にいえば、「義」ではない、すなわち道理として正しくない約束は結果として実現できず、「信」すら保ち得ないことが多いということである。ここには、正しいことはより自然であり、自然の方向に沿う方が物事はスムーズに運ぶという発想がある。しかし、ここで「義」とともに語られている「信」は、あくまでも言ったことを実行することであって、その約束の内容が「義」に近い方がよいと言われてはいるものの、それが「信」の必須条件ではない。結果的に果たせないことが多いとはいえ、「義」に反する「信」もあり得るからこその、この有子の言葉なのである。

あるいはまた、孔子は次のようにも語っている。

君子は、義をもとにし、礼に則って行い、謙虚に発言し、信によって成し遂げる。

（君子、義以て質と為し、礼以てこれを行なひ、孫以てこれを出だし、信以てこれを成す。）

ここでも、君子が基づくべき実質は「義」であり、それをどのように実践し表明し成し遂げるかというところで「信」が求められているのであった。「信」による完成がなければ、「義」は口先だけのきれい事になってしまうが、ここでも「信」そのものに「義」が必須とされているわけではない。

つまり、言行一致や約束を果たすことを意味する「信」には、その具体的な内容についてあらかじめ制限があるわけではないということだ。極論すれば、悪事であっても有言実行すれば「信」ということになる。逆に、どんなに立派なことであっても、口で言うだけならば「信」ではない。ただ、正しいことの言行一致と正しくないことの言行一致とでは、前者の方が実現しやすく、どんなに正しいことでも「信」による実現がなければむしろ嘘偽りとなってしまうということにすぎない。要するに、「信」には具体的な内容は盛られておらず、何事であれそれを確かに実現すること、その確かさこそが「信」なのである。

こうした「信」の役割を理論づけているのが、「四徳」に「信」を加えることによって「五常」になるという考えであった。

五常の信

東洋の伝統思想において、数字による説明は大きな役割を果たしてきた。古《いにしえ》より中国の人々は、自然現象から人間の営みに至るまで、森羅万象様々な物事を数字によって整理し、そこになんらかの法則性やパターンを読み取ろうとしてきた。たとえば、「陰・陽」の「二」、「天・地・人」の「三」、そして「春・夏・秋・冬」の「四」、「木・火・土・金・水」の「五」などがそれで、これらの数字をさらに組み合わせて、「天＝陽」と「地＝陰」に対してその中間にあってバランスのとれた存在としての「人」というように、より立体的な説明を試みる場合もある。

「四徳」と「四季」が結びつけられることは第一章ですでに見たとおりである。四季の循環という最も身近で最も不変のパターンに見える「四」という数字に人間の道徳性を結びつけたものだが、このように数字を使って自然界と人間界とを相似形にとらえる考え方は、自然の絶対性によって人間の道徳性すなわち「性善」を根拠づけるものであった。

一方、中国では古代から「五行《ごぎょう》」という考えがある。「五行」とは、万事万物を構成する最も基本的な五つの物質で、具体的には「木・火・土・金・水」を指す。あらゆる物事はすべてこの五つの要素の組み合わせによってできているというのが、東洋の伝統的な世界観であった。そして、この「五行」の「五」という数字も、自然現象から人間の営みに至る様々な事象に当てはめられ、歴史の必然性や政治の正当性を説明する根拠とされたのであった。

さらに、この「四」と「五」を組み合わせる場合がある。その代表的な例を挙げると、次のようなものになる。

仁	礼	義	智	信
木	火	金	水	土
春	夏	秋	冬	土用
東	南	西	北	中央
青	朱	白	玄	黄

ここにおいて、「四徳」に「信」が加わり「五常」となる。このことについて、朱熹は次のように説明している。

ある人「仁・義・礼・智は性の四徳です。それに信の字を加えて五つの性にするのはどういうことでしょうか。」

朱熹「信は他の四者を確かなものにするものだ。（信によって）確かに仁があり、義がある。礼・智も同じだ。それはちょうど五行に土があるようなもので、土がなければ他の四者を載せることはできない。」（『朱子語類』巻六）

「信」に具体的な内容が盛られていないのは、それが万物を載せる土地のように、四つの方角の基点となる中央のように、四季の循環を微調整する土用のように、あらゆる物事が嘘偽りではなく確かにそうであることを支えるものであるからなのであった。

五倫の信

もう一つ、「五」という数字にちなんで「信」が登場する場合がある。第二章で取り上げた「五倫」である。「父子親《しん》有り、君臣義有り、夫婦別有り、長幼序有り、朋友信有り」というように、人がこの世に生きる限り避けて通れない五つの人間関係において、それぞれの関係がより良くあるために求められているのが「五倫」であった。この中で、「信」は朋友関係の基礎として提示されている。

友人の間にあって最も大切なことはお互いの信頼であるということは、今日の私たちにもわかりやすい。いかにも古い時代の道徳であることを象徴するかのように、他の四つの関係が主従・上下を伴う不平等な関係であるのに対して、この朋友関係だけは対等の関係なのであった。それゆえ、近代前夜の中国において、「信」に基づく朋友の価値が見直され、西洋由来の平等思想を受け止める素地となったのである。

ちなみに、『論語』冒頭で「朋《とも》の遠方より来たる有り、また楽しからずや」と遠くから友だちがやって来てくれることをこの上ない楽しみと語った孔子であるが、友人の選び方には厳しいところがあった。「己にしかざる者を友とすることなかれ」、自分以下の者を友だちにしてはいけない、というのが孔子の信条であったのだ。ずいぶん尊大な物言いに聞こえるかもしれないが、自分以下の者とばかりつき合っていい気になっていてはいけないのであり、孔子にとっての友人とは、互いに切磋琢磨して高め合う存在でなければならなかったのである。とはいえ、自分以下の者を友達にしてはいけないというのはやや孔子のイメージにそぐわないせいであろうか、この孔子の言葉をめぐっては、朱熹たちも様々に議論している。朱熹は、これは自分から進んで友達を選ぶ場合の話で、相手から近づいてきた場合にこの理由で拒んだのではないと苦しい説明をしている。

信と誠

以上のように、「信」は人が人に感じる確かさであり、その基礎にあるのは人が発言や約束を確かに実行することであった。こうした人における確かさや信頼の感覚は、東洋の伝統思想においては、人をも含む自然界全体の秩序や確かさとともに語られる場合が多い。そこで登場するのが、同じく「まこと」と読む「誠」である。「信」と「誠」のちがいについて、朱熹は次のように語っている。

誠は自然の実（確かさ）、信は人為の実だ。だから「誠は天の道」というので、これは聖人の信だ。ふつうの人間の信は、信ということはできても、誠ということはできない。誠とは自然で偽りのないこと、たとえば水はあくまでも水、火はあくまでも火、仁はどこまでいっても仁、義はどこまでいっても義というようなことだ。（『朱子語類』巻六）

誠は実有（確かにそのようにある）の道理、自然にそうであるということだ。忠や信は人について言ったもので、人が出て来てはじめて現われるものだ。（同上）

同じく「まこと」であっても、「誠」は自然の確かさであるのに対して、「信」は人為による確かさを意味する。「誠は天の道」というのは、儒教経典の一つ『中庸《ちゅうよう》』の言葉で、後ほど改めて取り上げる。ここにいう「天の道」とは人間をも含む自然界全体の秩序を意味しており、その確かさが「誠」

とされている。それに対して、「信」はあくまでも人の行為に関するものであるが、人の中でも最高の境地となると、その「信」は「誠」の域に達する。人であっても自然と同等の「誠」を実現した存在、それが聖人と呼ばれる存在なのであった。

日本語の語感では、「誠」の字に自然界の話は含まれない。日本語の「誠」はあくまでも人のふるまいや性格について言われるものであるが、中国の伝統思想における「誠」は「天の道」なのであった。もう少し「誠」について掘り下げてみよう。

誠は天の道

改めて『中庸』の言葉を引用する。

誠は天の道である。意識的に誠であろうとするのが人の道である。誠である者は、意識せずとも適切にふるまい、いちいち考えなくても正しさを得ていて、ゆったりと道に適っている存在、すなわち聖人である。それに対して、誠であろうとする者は、善を選びそれを堅く守ろうとする者である。

この『中庸』の「誠」を、朱熹は「真実無妄《むもう》」（『中庸章句』）と定義している。「真実無妄」とは、本物で嘘偽りのないこと、紛うことなき絶対の確かさを意味している。朱熹の高弟の一人陳淳は、朱熹の解釈を敷衍《ふえん》して次のように説明している。

誠の字はもともと天道、すなわち自然界の大いなる営みについて言ったものである。……この自然界の大いなる営みは、太古から現在に至るまでほんのわずかの狂いもない。暑い夏が去れば寒い冬がやって来るし、日が沈めば月が昇る。春には芽吹き夏には生長し、秋には収穫して冬にはそれを蓄える。春夏秋冬が無限に循環して永遠に変わることがないのは、すべて真実の道理が主宰しているからである。（『北渓《ほっけい》字義』）

すでに述べたように、東アジアに生きる私たちの先人にとって、四季の移り変わりは最も確かで不変のパターンを象徴するものであった。そこにはまったく人為は介在せず、おのずからそうであるという繰り返しにより、人にとって最も信頼できる確かさがある。春の次には必ず夏が来て、どんなに暑くても必ずいずれ涼しくなり冬が来る。どんなに寒くても必ずまた春がやって来て植物を芽吹かせる。改めて考えてみれば、この究極のワンパターンは、この温帯の地に生きる現代の私たちにとっても、最も確かで疑いようもない実感なのかもしれない。こうした自然界が見せる自然な確かさこそが「誠」の原義なのであり、人はそれを意識的にみずからにおいて実現しようとするのである。

もう一つ、『中庸』の言葉を引用する。

誠は物事の始めを為し終わりを為すものである。誠でなければ物事は無い。

この言葉を、朱熹は次のように解釈している。

「誠は物事の始めを為し終わりを為すもの」とは、すべて物事が生じる場合には、必ずその実なる理があり、物事が無くなる場合にもやはりその理がそこで尽きるということだ。……実なる理とは、絶対にそうでなければならないということ、子としては必ず孝、臣下としては必ず忠というように、絶対にそうなのだ。(『朱子語類』巻六四)

朱子学らしく「理」という言葉が登場するが、「理」であれ「誠」であれ、あらゆる物事に何らかの確かなものを想定し、この世界はただあるのではなくあるべきようにあるというのが、朱熹の基本的な考えなのであった。そして、こうした「誠」を人がみずからの心の動きにおいて実現するのが、前章で触れた『大学』八条目の一つ「意を誠にする」なのである。

日本人の好きな誠

日本人は「誠」に弱い。日本人が好むものとして、「誠」と「正直」が挙げられることがあるが、日本人は昔から主君や主人に、あるいは御国や会社に「忠誠」を誓い、何事においても「誠心誠意」

頑張ることを美徳としてきた。そして、今でも「誠実」な人というのは最大の褒め言葉の一つであり、「誠意」が感じられるかどうかが人を許すか際の一番の理由になる場合が多い。昔も今も、「誠」は日本人の倫理観を支えるものなのである。

日本語における「誠」は、もっぱら人の心について語られる。たとえば、相手の言動に「誠意」が感じられるかどうかは、その言動が正しく適切であるかどうかというような客観的な基準ではなく、あくまでもその人の心根《こころね》が純粋であるか、全力の行為であるかという心情的共感が基になっている。謝罪会見を見て「誠意」が感じられないと言う場合、私たちが何を以て「誠意」としているかを考えてみてほしい。謝罪する人の言い分に道理や正当性があるかどうかよりも、その人の物言いや態度が本当に反省していると感じさせるかどうか、できる限りのことをして謝ろうとしているかどうかということによって、私たちは「誠意」を計っているのではないだろうか。「誠意を見せろ」が金銭の要求を意味することになる場合があるのも、銭金《ぜにかね》の問題ではないが、せめてそれくらいしてみせろという要求なのであろう。

つまり、日本人の「誠」好きには、多分に心情の純粋性やできる限りの懸命さに対して共感したいという欲求が含まれている。しかし、ここであえて問い直してみたいのは、「誠実」であればそれでよいのか、「誠意」さえ見せれば許されるのかということである。一生懸命できる限りのことをしているのだから、そのことの是非や過不足は問わないというのは、何とも甘すぎるのではないか。日本人の「誠」好きには、客観的な規範意識の欠如が見え隠れしているとも言えるのである。

「まこと」＝「誠」がかくも心情的に捉えられている日本語の世界において、もう一つの「まこと」＝「信」も別の顔をのぞかせている。この章を締めくくるに当たり、「信じる」ということの意味を考えてみたい。

信じる者は救われる？

かつて歳末になると救世軍（メソジスト派）が社会鍋をたたきながら「信じる者は、み～んなみ～んな救われる」と歌っていたのをご存じの方もあるだろうか。キリスト教がそんなに生易《なまやさ》しいものであるかどうかはともかく、「信じる者は救われる」という言葉をどこかで聞いたことのある人は多いのではないか。

「信じる」という言葉には、「盲信」「狂信」とまでいかなくても、どこか盲目的で知性を放棄するニュアンス、目をつぶって何者かに身を委ねる趣がある。だからこそ「救われる」という他力本願的結果と結びつきやすいのかもしれない。同時に、「信じる」ということには、ある種の覚悟や潔さを感じさせる何かがある。そういう意味では、「救われる」ことを期待した時点で、「信じる」ことの純度は下がり、結果として「救われない」という皮肉になるのかもしれない。いずれにしても、「信じる」とは、前章で取り上げた「知（智）」や「知る」とは異質の、理性とは相容《い》れない、人の意志的営みなのである。

前章で述べたように、私たちは何事をも「知る」ことを望むが、「知」は万能ではない。「知」の及び得ない領域は常に存在する。むしろ、そのことをわきまえ知ることが本当の「知」なのであり、人としての究極の境地はその「知」すら意識しない。それに対し、「信じる」はどこかの地点で意識的に「知」を放棄する。「信じる」と言った時点で、人はそれ以上の「知」的努力をやめ、何者かにすべてを委ねることになるが、その結果を甘んじて受け入れる覚悟をしなければならない。その覚悟がなければ、「信じる」は往々「裏切られた」と相手を非難する責任転嫁に終わるはめになる。「信じる」の覚悟と潔さは、理性によって理性を封じる「知」の最後の賭けといえるのではないだろうか。

更にいえば、「信じる」ものがあるからこそ「知る」ことができる、ということもできるのではないか。みずからの「知」に対する謙虚さがあればこそ、「知る」はその歩みを続けることができるのだ。知り得ぬものに対しては、傲慢にその存在を否定するのでなければ、「信じる」しかない。「信じる」ものがなければ、「知」はそれぞれの思い込みによって閉じられてしまい、世界は一挙に不確かなものになってしまいかねない。「信じる」ことによって、「知」は開かれたものになり、人は「知」によって世界を一つ一つ確かなものに変えていくことができる。そのとき、人は「救われる」のではないか。やはり、「信じる者は救われる」のだ。

ちなみに、人一倍「知」の価値を強調し、困難な「知」の道を歩み続けた朱熹が、唯一「知」の彼方に信じていたのは他ならぬ聖人＝孔子であった。

第六章　忠——まごころ込めて

「五常（仁義礼智信）」とは別に、儒教道徳で重んじられる徳目が「忠孝」である。特に日本においては、この「忠孝」が古い時代の封建道徳の象徴として語られることが多い。以下、章を分けて「忠」と「孝」を解説したい。

まずは「忠」である。私たちの日本語で「忠実」「忠義」「忠誠」といった熟語となる「忠」の字に共通する意味合いをイメージしてみてほしい。何者かに対して我が身を捨てて尽くすこと、何者かを絶対のものとして精一杯のまごころを示すこと、といったところであろうか。問題はその対象が何者であるのかなのだが、かつては「主君のため」「お家のため」「御国のため」、今でも「会社のため」「組織のため」「家族のため」といった具合に、日本人は「忠」を大切にしてきたのである。日本語の古語では「忠実」と書いて「まめ」と読む。今の日本語でも几帳面で手間を惜しまないことを「まめだ」と言うが、古語はそれに加えて、まじめで誠実なこと、からだが丈夫であること、役に立つことなどの意味が含まれる。

「忠」の字の名乗りの読み方は「ただ」「ただし」が一般的であるが、これは「ただし＝正しい」に集約される意味合いで、特段「忠」の字に特徴的な意味が示されているものではない。もちろん、「忠誠」を誓い「忠実」に「忠義」を果たすことは「ただしい」ことだと考えられていたのは言うまでもない。

人の為にはかりて忠ならざるか

「忠」と聞けば、君臣関係における徳目、君主に対する臣下のあるべき姿というイメージが真っ先に浮かぶ人が多いかもしれない。しかし、『論語』における「忠」は、必ずしも君臣関係に限定されたものではない。たとえば、孔子の高弟である曾子《そうし》の言葉に登場する「忠」は、次のようなものである。曾子は日々次の三つのことを反省していたという。

人のために考えて「忠」でなかったことはないか。友人との交際において「信」でなかったということはないか。教えられたことを身につけていないということはないか。

（曾子曰く「吾れ日に三たび吾が身を省みる。人の為に謀《はか》りて忠ならざるか。朋友と交はりて信ならざるか。伝えられて習はざるか。」）

これがいわゆる「三省」という言葉の出典であるが、ここに見える「忠」は、他人の為に良かれとあれこれ考えたり相談に乗ったりする場面の話であって、君臣関係に限った話ではない。ここの

「忠」と「信」について、朱熹は次のように注釈を施している。

自分にできることを精一杯尽くすことを「忠」といい、確かな中味のある態度で相対することを「信」という。(『論語集注』)

つまり、「忠」の原義は、利己的な考えを捨てて人のために全力で取り組むこと、相手が誰であろうとも自分の労力を出し惜しみせずに精一杯相手のために尽くすことなのであった。この「忠」がいつしか臣下の君主に対する徳目となり、果ては身分の上下関係や滅私奉公を象徴する古き悪しき道徳にすらなるのであるが、そのことは後で改めて取り上げる。少なくとも『論語』における「忠」には、封建道徳にとどまらないより普遍的な道徳の可能性があったのである。

忠信・忠恕

実は『論語』では、「忠」は単独で語られるよりは「忠信」や「忠恕《じょ》」というように熟語として語られる場合が多い。孔子の言葉を引用しよう。

君子たる者、重厚でなければ威厳がない。学問をすれば頑固でなくなる。「忠信」を主として、自分以下の者を友人としてはいけない。過ちを犯したときは、改めることをためらってはならない。

（君子、重からざれば則ち威あらず、学べば則ち固ならず。忠信を主とし、己に如《し》かざる者を友とすることなかれ。過ちては則ち改むるに憚《はばか》ることなかれ。）

前章で取り上げた「信」とともに語られる「忠信」は、君子たる者が何を置いても最優先して貫かなければならないモットーなのであった。

あるいはまた「忠恕」という言葉も、しばしば孔子の思想の核心とされる。先ほども登場した曾子は、孔子の学問の後継者として一目置かれた存在であったのだが、その曾子と孔子との間に次のようなやりとりがあった。

孔子「参《しん》（曾子の名前）よ、私の道は一つのことで貫かれている。」
曾子「はい。」
（子曰く「参よ、吾が道は一以てこれを貫く。」曾子曰く「唯《い》。」）

ここで孔子は、みずからの学問の道が何によって貫かれているのか明言していない。ただ曾子だけが暗黙の内にそれを理解し、ひと言「はい」と答えたという場面である。曾子だけは黙っていても理解してくれるという思いがあればこそ、孔子は「参よ」と名指して呼びかけたのであろう。これは「一貫の教え」と呼ばれる場面であるが、その場に同席していた他の弟子たちには、曾子があうんの呼吸で悟ったものがわからなかった。そこで、孔子が退出した後、曾子にどういう意味かと尋ねたところ、曾子は次のように答えたのであった。

先生の道は忠恕にほかならない。
（子出づ。門人問ひて曰く「何の謂《いひ》ぞや。」曾子曰く「夫子《ふうし》の道は忠恕のみ。」）

この箇所の「忠」と「恕」を、朱熹は次のように注釈している。

自分にできることを精一杯尽くすことを「忠」といい、自分のことに置き換えて相手を思いやることを「恕」という。（『論語集注』）

もちろん、孔子の道を貫くものが本当に「忠恕」であったかどうかは、孔子に訊ねてみなければわからない。おそらく、孔子は質問する相手によって答えを変えたのではないかと思う。しかし、孔子がその衣鉢《いはつ》を託した曾子のこの言葉は、後世孔子の道を一貫するものとして重要視された。「忠恕」は「まごころ」と「思いやり」とでも一般化できる徳目として、君臣関係だけではなくあらゆる人間関係において孔子が最も重んじたものとして語り継がれたのである。

君臣関係の忠

もっとも、『論語』の中にも「忠」が君臣関係において語られている場面もある。

君主が臣下を使役するときには礼に基づき、臣下が君主に仕えるときには忠に基づく。

（君、臣を使ふに礼を以てし、臣、君に事《つか》ふるに忠を以てす。）

君主は臣下に敬意を示し、臣下は君主に精一杯のまごころを尽くす、というこの言葉は、すでに紹介した「五倫」の「君臣義あり」と同様、君臣関係の理想的な姿を言ったものである。「礼」に対して「忠」で応えるという人間関係は何も君臣に限定されるものではないのであるが、いつしか「忠」は君主のいかんにかかわらず臣下にだけ求められるものとなる。なぜそうなってしまったのかという門人の質問に、朱熹は次のように答えている。

門人「忠はまごころにほかなりません。日常の人間関係いずれの場合にも必要なものだと思われますが、どうして君に仕えることにのみ忠を言うのでしょうか。」

朱熹「父子・兄弟・夫婦はみな天理の自然としての結びつきであり、人は誰でも自然に（親や兄や夫を）愛し敬うことを知っている。君臣関係も天理であるとはいえ、それは義による結びつきだから、世間の人はいい加減にしやすい。だから君臣関係において忠を言わなければならないのだ。」

（『朱子語類』巻十三）

天然自然の結びつきである父子・兄弟・夫婦であれば、子が父を、弟が兄を、妻が夫を愛し敬い「忠」であることは、わざわざ徳目として掲げるまでもなく、誰でも自然にそうするものである。それに対して、君臣の結びつきのような社会的上下関係は、それがこの世に存在すること自体は「天理」すなわち自然の秩序に適《かな》うことであるとはいえ、両者は「義」という各自の価値判断によって結びついている。それゆえ、君主に対する臣下の「忠」は、意識しなくても自然にそうであるというよりは、意識的にそうあろうとすべきものとして強調されるようになった、ということである。

問題は、理想的な君臣関係ではない場合であっても、臣下にだけは「忠」が求められるようになることであった。本来は君主が自分と「義」を同じくし、「礼」をもって接してくれてこその臣下の「忠」であったものが、時代が下ると、次のような考え方も登場する。

君主が君主らしくなくても、臣下は臣下らしくしなければならない。（孔安国『古文孝経』序）

とはいえ、中国における君臣関係の「忠」は、「義」という最後の歯止めがあった。どんなに非道で無礼な君主であっても、その君主に終生忠誠を誓うというのは、実は日本的「忠」であって、そこには第二章で見たような「義」の日本独自の意味合いも作用している。日本人にとっては、「義」そのものが日本的「義理人情」という人間関係の生暖かさをまとい、中国の「義」のようなドライなものではなくなっているのである。このことは、後でもう一度取り上げる。

忠と孝

中国において「忠」が日本ほど君主に対する絶対服従を意味しない背景には、それが往々「孝」との比較で語られることがある。日本人にとっては、「忠」も「孝」もある意味同じように大切な徳目であるのに対して、中国における「孝」は、他のどの道徳概念とも同列に並べられるものではない。この「孝」の絶対性については次の章で詳しく説明するが、中国における「孝」は「親を大切にしよう」という程度の生易《なまやさ》しいものではないのであった。「孝」が善悪是非をも越えた親への絶対服従を意味することと比較すれば、「忠」にはまだ「義」という善悪是非を論じる余地が残されているのである。そのことを象徴するのが次の言葉である。

臣下としての礼は君主の非をあからさまには諫《いさ》めない。三回諫めても聞き入れてもらえなければ、その君主のもとを去る。子が親に仕える場合には、親の非を三回諫めても聴き入れてもらえなければ、泣く泣く親の意向に従う。（『礼記』）

君主であれ親であれ、臣下や子どもはその非を諫めることはできる。もちろん、君主や親のために良かれと思えばこその諫言《かんげん》であるが、自分が信じる正しさ、すなわち「義」に基づき、やんわりとではあれ諫めることは臣下として子としての大切な役目とされている。しかし、もし君主や親がどうしても聞き入れてくれない場合、君臣関係と親子関係ではちがった対応が求められる。

君臣関係であれば、自分の「義」を曲げてまでその君主に従うのではなく、その君主のもとを去り、新たに「義」を共有できる君主を求めるべきだと考えられている。つまり、君臣関係は置き換え可能なのであり、「二君に見《まみ》える（二人目の君主に仕える）」ことは喜ばしいことではないとはいえ、許容されている。

一方、親子関係は置き換え不可能な絶対の関係であり、たとえ親が極悪非道で諫言を一切受け入れてくれなかったとしても、子はその親に最終的には従うしかない。こうした「孝」との対比において、中国の「忠」は、日本人が古い時代の道徳としてイメージする終生変わらぬ忠誠心とは別の顔を見せているのであった。

忠孝一致論

「孝」を絶対無比とする中国においても、上に立つ者にとって臣下の「忠」は必要不可欠であった。家庭内の「孝」を第一に立てるあまり、臣下が君主の命令を二の次にしたのでは、君臣関係は脆弱《ぜいじゃく》なものにならざるを得ない。そこで考え出されたのが「忠孝一致論」であった。たとえば、「孝」の重要性を説いた『孝経《こうきょう》』という経典には、次のような言葉がある。

父に仕えるのと同じ気持ちで母に仕えれば愛が同じものになる。父に仕えるのと同じ気持ちで君主に仕えれば敬が同じものになる。ゆえに、（父への気持ちは）母に対しては愛を、君主に対しては敬をもたらし、両者を兼ねるのが父に対する孝である。したがって、孝の気持ちで君主に仕えれば忠になるのである。

また、儒教経典の一つ『礼記《らいき》』には次のような言葉が見える。

忠臣はその忠によって君主に仕え、孝行息子はその孝によって親に仕えるが、その本は一つである。

つまり、「孝」の気持ちをそのまま君主に向ければ「忠」になるということであり、「孝」と「忠」は対立するものではなく、本来同じものなのだということが強調されているのであった。言い換えれば、親孝行の人ほど君主に忠義を尽くしてくれるはずだということで、そのため、古い時代の中国では、民間で「孝」と評判の高い人物をお上《かみ》が表彰するということがしばしば行われた。「国家」という言葉が示すように、国を家に、皇帝を父に見立てて、「孝」を尽くすように「忠」を尽くすことが求められたのである。

とはいえ、現実には「孝」と「忠」がぶつかり、「孝ならんと欲すれば忠ならず、忠ならんと欲すれば孝ならず」といった悩ましい場面はあり得るのであり、その際の選択や葛藤のしかたに中国と日本の違いがあるのであった。

日本人の忠

日本人の主従関係は、多分に情緒的なものとされる。先に引いた「孝ならんと欲すれば忠ならず、忠ならんと欲すれば孝ならず」は、後白河法皇に弓を引かんとした平清盛を涙ながらに諫めた息子重盛の言葉とされる。重盛は父清盛に、臣下でありかつ息子である苦しい胸の内を訴え、この言葉に続けて「どうしても君恩に背くのであれば私の首をはねてから」と迫る。さしもの清盛も、息子の心情に動かされ、法皇捕縛を思い止まる。このエピソードも、日本人にとっては「忠」も「孝」もいずれも心情に訴えるものであることを物語っている。何よりも、重盛が「孝」と「忠」の葛藤を死を以て解決せんとみずからの命を差し出し、父清盛はそれにほだされたというところに、事の善悪是非を論じる余地は認められない。そんなことを論じるくらいならばいっそ死んで解決するのが、あっぱれ日本の武士なのであった。

「武士道と云ふは死ぬ事と見つけたり」で有名な『葉隠《はがくれ》』には、主君への心情が、「忠」という言葉を越えてあたかも恋心のように描かれている。それも「恋の至極《しごく》は忍ぶ恋と見立て申し候《そうろう》」という念の入れようである。人知れず狂おしいまでに恋い焦がれる「忍ぶ恋」に見立てられた「忠」は、戦場で生死を共にする主従関係が過去のものになった大平の世の武士たちの現実感覚とはほど遠いものであったかもしれないが、日本の武士たちの「忠」が中国の官僚たちの「忠」に比べて熱い心情に支えられていることはまちがいない。武士の世界で意外にも男色が多かったと言われ、「追い腹」という殉死が賞賛されたのも、恋心になぞらえられた「忠」ゆえであろう。「義」という客観的正しさに基づく中国の君臣関係の「忠」に対して、「義」そのものが「義理人情」となった日本の君臣関係の「忠」は、どこまでも浪花節《なにわぶし》的なのであった。

すでに述べたように、日本人にとって「忠」と「孝」は同列に並ぶ徳目であった。次章で詳しく説明するが、中国の「孝」はときに善悪是非をすら越える絶対のもので、現実はともかく原理的には「忠」か「孝」かの選択は成り立たない。それに対して、日本ではむしろ「孝」よりも「忠」が優先されると言われることがよくある。それはむしろ、親への心情は言わずもがな、誰でもよくわかっているものであり、それをぐっとこらえて涙を飲んでお家のため主君のため御国のために尽くすという図式が、日本人のメンタリティーに響くということなのであろう。だからこそ、そこに見える「忠」は、「忍ぶ恋」とまではいかなくとも、切なく健気《けなげ》なものでなければならなかったのである。主君への「忠」のために涙ながらに親への「孝」を犠牲にするという日本式の美学が、公のために私を犠牲にする「滅私奉公」を美談としたのである。

日本の忠孝一致論

日本においても、意識的に「忠孝一致論」が唱えられた時代がある。忠誠の対象を天皇に一元化し、強い近代国家になろうとした明治の時代である。それ以前、日本人にとっての「忠」の対象は分散していた。江戸時代の武士にとって、忠誠を誓うべき対象は、実感的にはみずからが属する各藩の藩主であった。外国を意識する必要のなかった太平の時代、日本人には日本というまとまりを意識する必要はなかったのであり、「忠」の実感は「藩主のため」「お家のため」に止まっていたのである。日本人の「忠義」がウエットな情誼を重んじているのも、そうした藩単位の主君と臣下の関係の近さに由来しているのかもしれない。

こうした「忠」の対象の多様さに加えて、日本の主従関係は独得の多層構造になっていた。すなわち、幕藩体制において、各藩主の上には徳川将軍が、さらにそのはるか彼方には天皇がいたのである。藩主が将軍に、将軍が天皇に忠誠を誓っている限り、三者はひと連なりの「忠」の対象となるが、幕末のようにそこに亀裂が入るとき、佐幕であれ尊皇であれ藩主の選択に従い、文字通り命を賭けて藩主に「忠」を尽くすことが改めて求められたのであった。

このような特殊日本的な主従関係を、天皇のもとに一元化し、日本を一つの国家としてまとめ上げなければならなかった明治の時代、天皇は万民共通の君でありかつ父であるという図式が成立したのであった。

第七章　孝──善悪の彼岸

第I部のしめくくりは「孝」である。「孝」が中国伝統の社会において突出した価値概念であることについては、前章でもしばしば触れた。もったいぶった誇大予告に聞こえたかもしれないが、古い時代の「孝」の重みは格別で、現代に生きる私たちの理解を越えるところがある。まずは私たちにとって常識的な「孝」の意味合いを確認するところから始めよう。

身を立て、名を揚げ

かつて卒業式ソングの定番であった『仰げばと尊し』の歌詞の一節に「身を立て、名を揚《あ》げ、やよ励めよ」とあるのをご存じの方も多いのではないだろうか。卒業という別れに際して、お互いのこれからの健闘を期待したこの歌詞にある「身を立てる」こと「名を揚げる」ことは、実は前章にも登場した『孝経《こうきょう》』の冒頭にある次の言葉に由来する。

この身体は父母からいただいたものであるのだから、それを大切にし傷つけるようなことをしないこと、これが孝の始めである。身を立て、人としての正しい道を歩み、後世に残るような名を揚げて父母を顕彰すること、これが孝の終わりである。

今風に言い直せば、元気で怪我もなく無事親よりも長生きすることが最低限の「孝」であり、立派に一人前になって後世に残るような名声を得て、そういう人物の親として父母にも栄誉をもたらすことが最高の「孝」である、という意味である。

親子関係のありかたは時代とともに変化し、国や民族によっても大きく異なる。親を大切にすることそのものを否定しないにしても、どうすることが親孝行であるのかは時代により場所により、さらに言えば各家庭により様々である。考えてみれば、親子ほど特殊な人間関係はない。親にならない人はいても、親のない人はいない。この世に生まれた以上、すでにいなくなったとしても、縁を切ったとしても、誰でも親との関係は免れず、目の前の親であれ、不在の親であれ、大切にしたい親であれ、怨みたい親であれ、人は自分と親との関係を考えざるを得ない。なおかつ、子はかつてまったくの無力な状態で、その生存をすべて親に依存していたのであり、その関係の非対称性は、子が成長した後も、今度は親が歳をとって無力な状態になった後も、終始つきまとう。

この逃れようのない特殊な人間関係において、子たる者が親にどう接するべきか、それを「孝」と呼べば、「孝」の内容は無限に多様とならざるを得ない。しかし、親よりも無事に生きのびることを最低限とし、この子の親であることを誇らしく思ってもらうことを最大限とする『孝経』のこの

「孝」は、現代の日本に生きる私たちにも理解できないものではないだろう。

親への絶対服従

ところが、儒教の説く「孝」には、親子であっても個々の人間同士だというような「近代的」理屈を知ってしまった現代の私たちには到底理解できないところがある。その一つが、親への絶対服従である。親の言うことに従うべきだというだけならば、古今東西そんなに珍しい考え方ではないのだが、儒教のいう絶対服従は度を越している。

前章で引いた『礼記』の「子が親に仕える場合には、親の非を三回諫めても聴き入れてもらえなければ、泣く泣く親の意向に従う」もそうであったが、子は親に意見することはできても最終的にはみずからの価値観を捨て去り、親に従うしかない。『論語』にも次のような言葉がある。

父母に仕えるには、やんわりと諫め、自分の考えに従ってもらえなさそうなときは、親を立てて逆らわず、そのためにどんなに苦労をしても怨まない。

（父母に事《つか》ふるには幾《ようや》くに諫め、志の従はれざるを見ては、又敬して違《たが》はず、労して怨みず。）

親の意向に従った結果とんでもないことになり、その後始末にどれだけ苦労したとしても、子たる者「だから言ったではないですか、お父さん」などと恨み言を言ってはならないのである。

そもそも親が生きている限り、子は何歳になっても独立した個人とは認められない。そのことを物語っているのが次の孔子の言葉である。

（ある人物を評価する場合）父親が生きている間はその人物の志を観る。父親の没後はその人物の行いを観る。没後三年は父親のやり方を変えない人であってこそ孝と呼べる。
（父在《いま》せばその志を観《み》、父没すればその行ひを観る。三年父の道を改たむること無きは、孝と謂ふべし。）

子は親に絶対服従であるのだから、親の存命中は子たる人に言行の自由はない。その人がどのような人物であるかは、その人の心の中の志を酌み取ってあげるしかない。親が亡くなってはじめて子は自分らしさを発揮することが許されるのだが、それも三年の猶予が必要で、亡くなってすぐに自分の色に替えるような薄情な者は「孝」とは呼べないという念の入れようである。

少なくとも親が生きている限り、子には個人としての人格は認められない。子たる人の価値は、親に対して「孝」であるか否かにのみあるのであって、どんなに立派な人物であっても、もしその人物の行為が親の意向に背くものであったり、親をないがしろにするものであったならば、その人物のすべての社会的評価は覆《くつがえ》るのであった。

善悪是非を越える孝

私たちは何事であれ、物事の善悪是非を考えずにはいられない。それはもう無意識の反応のようなもので、他人の行為に対してであれ、自分の心の動きに対してであれ、とっさに善し悪しの判断を下し、そしてもちろん善いものを好み正しいと考える。本居宣長《もとおりのりなが》であれば、それこそが抜き差しならない「漢意《からごころ》」であり、日本人は本来そんな小賢《こざか》しさとは無縁のおおらかな「大和心《やまとごころ》」を持っていたはずだ言うところであるが、漢《から》も大和《やまと》も西方も、今も昔も、人は善悪是非の判断を加えずに物事を捉えないではいられない。

もちろん何を善とし何を悪とするかは、時代や場所、立場や状況、果ては個人的信条や好みによって多様であり得る。しかし、それでもある程度の普遍性をもった善悪が考えられるからこそ、それぞれの社会に道徳や法律が成り立つのである。

法律が示す善悪は、少なくともその社会の善悪の最大公約数的基準となるものであろうが、古い時代の中国においては法律においてすら「孝」の価値観が色濃く反映している。同じ犯罪であっても、被害者と加害者の関係によって量刑が異なることは現代でも見受けられるが、中国の古い法律においては親と子の間の非対称性が露骨に量刑に規定されているのであった。

たとえば、同じ殺人であっても子が親を殺した場合と親が子を殺した場合では、その罰則は極端に異なる。「孝」を至上とする古い時代の中国において、親殺し以上の極悪はない。それはもう決してあってはならないことであり、単なる死刑では済まされない。古代の刑罰は現代から見れば実に非人道的であり、今日であれば微罪と見なされるものであっても簡単に死刑に処せられる。そうなると罪科の軽重に応じた死刑の方法も多種多様にならざるを得ず、より重い罪に対してはこれでもかというほど残酷な方法での死刑が適応される。親殺しに適応される死刑は、できるだけ苦しみを引き延ばした残忍な殺し方であることは言うまでもないが、それだけにとどまらず、連帯責任の余波は広く及び、果てはそのようなあってはならない罪の痕跡を地上から抹殺すべく一族の血を絶つということもあったと伝えられる。およそ考えつく限りの極刑が行われたのであった。

逆に、「孝」を理由に他の刑罰の執行が軽減される場合もあった。年老いた親の養育のためや親の喪に服するために、刑の執行が猶予される場合もあったのである。罪を償うことよりも、親を養い親の喪に服する方が優先されたということである。

これに対して、親が子を殺した場合、もし子に落ち度があれば親の罪は問われない場合もあった。しつけと称して子どもを虐待し、死に至らしめるという悲惨な事件が相次ぐ昨今、私たちはむしろ親の子殺しを一般の殺人以上に許しがたい所業だと感じずにはいられないが、「孝」の価値観において、親は子の文字通り生殺与奪の全権を担っていると考えられていたのである。

父は子のために隠し、子は父のために隠す

「孝」はときに社会正義を易々《やすやす》と踏み越える。否、「孝」こそが社会正義だと考えられていたのだ。『論語』の中に次のようなやりとりがある。

葉公《しょうこう》が孔子に言った。「私の村には正直者がいます。父親が羊を盗んだことを、子として証言しました。」

孔子「私の村の正直者はそれとは違います。父は子のためにその罪を隠し、子は父のために隠す、正直さというのはその中にあるのです。」

（葉公、孔子に語りて曰く「吾が党に直躬《きゅう》なる者有り。その父羊を攘《ぬす》みて、子これを証す。」孔子曰く「吾が党の直き者はこれに異なれり。父は子の為に隠し、子は父の為に隠す。直きこと其の中に在り。」）

親の犯罪を告訴したり証言したりすることは、子としてはもちろんつらいことにちがいない。日本の時代劇であれば、子のそのつらい胸の内が涙を誘い、それによって親が改心するという筋書が多いのかもしれないが、孔子であれば、一刀両断に「親不孝者！」であろう。

先に紹介したように、中国の古い法制においては「孝」の価値観が随所に盛り込まれ、現代の私たちの法律観からは理解しがたいところが少なくない。『論語』のやりとりに見える子による親の罪の告訴を有罪と規定していた時代もあるし、子を親の犯罪の証人に立てないという規定もあったという。

葉公が自慢げに語った正直者は、結局は罪に問われたとされている。後世そのことに対して批判的な評価もあったし、そもそも葉公は親子関係に左右されず罪は罪として証言した者の正直さを自慢したかったのであるから、そうした社会的正義感がまったくなかったわけではない。それでも、孔子が語ったように、本当の正直さは、父が子のために隠し、子が父のために隠したいという偽らざる心情の方にこそあるというのが、儒教倫理の基本的な考え方なのであった。

孝と忠の相剋

ここで改めて前章でも取り上げた「忠」と「孝」がぶつかった場合を、その極端な例において考えてみたい。

まず最初は、自分の父親が主君に謀反《むほん》を企てていることを知った場合、そのことを主君に告げるべきかどうかというケースである。臣下としては、主君に告げて謀反を未然に阻止してこそ「忠」が果たせるのであるが、それをすれば父親が捕まり処刑されてしまうかもしれない。子としては、それは絶対に避けなければならない。父親を説得して思いとどまらせることができるのならばよいが、聞き入れてもらえなければ父親とともに主君に弓をひかなければならない。いずれにしても、父親か主君かどちらかの命がかかる選択である。日本の武士道であれば、進退窮まった当の本人が先に命を投げ出し、腹を切って収めるのかもしれないが、中国であればどうするのか。

もう一つは、為政者の立場にある者が自分の親の犯罪を知った場合どうすべきかというケースである。法の執行者たる立場にある者が、個人的な心情から親の犯罪に目をつぶったり罰を軽くしたりすれば、万民に示しがつかず社会の秩序は成り立たない。かと言って、親に縄をかけることは、たとえどんな状況であったとしても子の心情として耐えがたいことであると同時に、それはそれで万民に道徳的模範を示す者が決して見せてはならない「不孝」の所業である。こうした場合、為政者たる者はどう対処すべきか。

立派な為政者の親は立派な人物にちがいなく決して悪事をするようなことはないから、そのような困った事態に至ることはないと断言できればよいのであるが、儒教は意外にもそうしたきれい事には逃げ込まない。儒教において理想的な聖王とされる舜《しゅん》の父は、悪名高き瞽瞍《こそう》という人物であったのだ。瞽瞍は事あるごとに舜をいじめ、あまつさえ舜を殺そうとさえする。そうした仕打ちに対する舜の涙ぐましいまでの孝行ぶりは、あっぱれというよりもむしろ儒教の考える「孝」の異常性を際立たせているとも言える。この舜と瞽瞍の父子において、上述のケースを想定した問答が『孟子』の中に見える。

舜が天子であったとき、瞽瞍が人を殺したとしたら、舜はどうしたであろうか、という門人の問いかけに、孟子は次のように答えている。

> 舜は天下を放棄することをまるで破れた草履を捨てるようなことだと考え、天子の位を捨ててひそかに父を背負って逃げ、海辺に隠れ住み、一生喜んで父に仕えて心楽しく過ごし、天下のことなど忘れてしまうことだろう。（『孟子』尽心上）

天子たる立場にあるからこそ正義か「孝」かの葛藤があるのであれば、天子の位を捨て去ればよい。そうして父とともに逃げて隠れ暮らせば、「孝」は全うできるのであり、それ以上の心の安楽はない。

なるほど、その手があったかと思う反面、本当にそれでいいのかという疑問は儒者たちの間にもあったようで、後世『孟子』のこの話をめぐって様々な解釈が提出されている。とはいえ、天下国家を担う責務も栄誉も、破れた草履を捨てるように何の未練もなく捨て去り、我が身が罪人になっても父と逃げ、なおかつ嬉々として父に仕え暮らすという孟子のこの言葉は、儒教において「孝」が何ものとも比較できない絶対のものであることを物語るエピソードとしては十分なものであろう。同様に考えれば、先に掲げた第一のケース、すなわち「忠」か「孝」かの葛藤も、君臣関係から身を引くことによってのみ解消されるということになる。臣下でなければ、たとえ父とともに罪人として追われても、「不忠」ではないのであった。

孝行をしたいときに親はなし？

ここまで、儒教のいう「孝」が、私たちが一般に考える親孝行とはかけ離れた、マゾヒスティックなまでの親に対する献身と絶対服従であることを紹介したが、これはあくまでも生きて目の前にいる親に対する「孝」にすぎない。儒教の「孝」は、親の死後も続くのである。

「孝行をしたいときに親はなし」という言葉がある。下の句は「されど墓に布団はかけられず」と続くのであるが、これはいわゆる「後悔先に立たず」ということで、親が生きているうちにこそ孝行しておくべきであるのに、大抵は親が亡くなってようやくそのことに思い至り後悔するという話である。しかし、儒教の「孝」は親が死んだからと言って終わるものではなく、墓に布団をかけるがごとく供養として祭祀として継続するのであった。

すでに述べたように、親子関係が他のいかなる人間関係とも異なるのは、子がこの世に生を受け存在することそのものに親が関わっているからである。当たり前のことだが、あの親がいなければ、この私はこの世に生まれ落ちていない。この置き換え不可能な関係の絶対性が、「孝」の突出した価値を支えているのであるが、このことは単に一人の親とその子との関係に止まらない。これは、親のまた親へと遡《さかのぼ》り、先祖代々、子々孫々、一筋に連なる関係でもある。私がここに生きて存在するのは、あの親がいたからで、その親もそのまた親がいたから生まれたのであり、祖先から自分までの誰か一人が欠けてもこの私はこうしてここに生きていない。こうした脈々と連なるいわゆる「血」のつながりは、中国では「気」のつながりと呼ばれるが、このつながりを決して絶やさないことが「孝」の最優先事項なのであった。逆に言えば、子孫を残さないこと以上の「不孝」はないのであり、それは亡くなった自分の親を始め連綿たるご先祖様全員に顔向けできないだけでなく、みずからの死後にもかかわる恐ろしいことなのであった。

古今東西、人は誰しも死を免れない。中国では古くから「気」が集まることによって人は生まれ、「気」が散ずることによって人は死ぬと考えられてきた。そういう意味では、死は「気」の拡散という物理現象であるのだが、そのようにドライに説明したからといって、人は個人的な死を安穏と受け入れることはできない。この逃れようもない死を少しでも穏やかに受け止めるために、人類は様々な死の説明や死後の世界像を生み出してきたのであるが、儒教においては、人は死んでも子孫が定期的に祭祀を行い供養してくれることによって、あの世からこの世の子孫のもとに帰ってくることができるとされる。もちろん、元の姿に生き返えるわけではないが、同じ「気」を受けた子孫が思い出してくれるかぎり、故人の「気」はその子孫の心の動きに反応して子孫の心の中に戻ってくることができるのであり、子孫がいるかぎりこの世とすっかり縁が切れてしまうわけではないとされるのである。

反対に、もし子孫がいなければ、先祖代々の「気」の連なりはそこで途切れてしまい、もう二度とこの世に戻ってくることはできない。子孫がいたとしても、きちんと祭祀をして供養してくれなければ、故人を偲ぶ子孫の心の「気」の動きは希薄なものになり、故人の「気」は反応できずあの世をさまようことになる。故人を偲ぶことならば、血を分けた子孫でなくても友人知人でもできそうだが、そこは他人の悲しさ、同種の「気」でなければ「気」と「気」によるいわば「化学反応」は起こらないのであった。

ちなみに、祖先供養や故人を祭る儀式といえば、現代の日本ではお盆やお彼岸の墓参り、七回忌や十三回忌といった法要がそれに当たるが、これらは仏教の行事として実施されている。しかし、これは中国化した仏教が日本に根付いた結果であって、仏教本来の考えでは、人は死ねば輪廻転生するのであるから、元のアイデンティティーを以て子孫のもとに帰ってくるはずはない。儒教的な祖先崇拝が当たり前の中国に外来の仏教思想が受け入れられるためには、こうした融合が不可欠であったのだ。

あの世とこの世をつなぐ孝

以上のように、中国の伝統思想における「孝」は、親を大切にし親に絶対服従することだけに止まらず、親のまた親、そのまた親へと連なる血＝「気」のつながりを受けた者として、祖先祭祀を継承し、それを子孫につなげることによって、過去から未来へと生命を連続させることを使命とするものなのであった。「孝」は、この世とあの世を結びつけ、それを未来へとつなぐ。人は誰しも、生きてあるときも死後においても、この脈々とした生命の連続のかけがえのない一部なのである。

儒教と言えば道徳や倫理というイメージが真っ先に浮かぶ人が多いかもしれないが、道徳や倫理はいかに良く生きるかというこの世の話である。しかし、儒教はことのほかあの世のこと、すなわち死や死後の問題を重要視する。と言うよりも、この世とあの世を「孝」によって連続的に捉える生命観が、この世に生きる私たちの生き方、すなわち道徳や倫理を規定しているのである。こうしたこの世とあの世とのつながりを体現したのが、まさに孔子という人なのであった。

孔子は、巫祝《ふしゅく》の母と下級役人の父との間の「野合《やごう》」の子と伝えられている。巫祝とは、葬儀や祭祀を執り行い、「鬼《き》」あるいは「鬼神《きしん》」と呼ばれる死後の霊と交感するシャーマンのような職能者である。「野合」とは正式な結婚を介さない男女の結びつきを意味する。後に道徳の権化となる孔子にしてはいささか不道徳な出自であるとはいえ、孔子の母方があの世と密接な関わりをもつ特殊集団であったことは、孔子がこの世に作り上げた道徳思想の影に隠れてしまいがちだが、忘れてはならないことなのである。いわゆる私生児であった孔子は、幼少期を母方で過ごす。つまり、孔子にとって死や死後の世界は常に身近なものであり、彼は死者を弔い祭る儀式にも精通していたのであった。もっとも、孔子は人々が死や死後の問題に関心を持つことを次のように戒めている。

まだ生きている人に十分お仕えできないで、どうして鬼（死者の霊）に仕えることができようか。……まだ生を理解できていないで、どうして死がわかろうか。

（いまだ人に事《つか》ふること能《あた》はず、いづくんぞ鬼に事へん。……いまだ生を知らず、いづくんぞ死を知らん。）

孔子のこの言葉を以て、孔子は死や死後の問題を軽視し、現実に生きる人間の問題にのみ関心を集中させた、すなわち孔子の儒教にはいわゆる宗教的な要素は少ない、と決めつけるのは早計であろう。そのような理解は、儒教のもつ奥行きを見失わせてしまう。たしかに孔子は死や死後の世界というこの世の営みとは別の領域に関わることに慎重であり、それよりもまずは身近なこの世の問題に取り組むべきことを語っている。それは、不可思議なあの世のことは往々人を惹きつけずにはおかない反面、そこに生半可な知で迫っても足をすくわれるだけで、この世の我が身にとって何ら有益ではないことを孔子が熟知していたからにほかならない。第四章でも引用したが、孔子は「知」とは何かを問う弟子に対して、次のように語っている。

人としての正しい道に励み、鬼神を敬い遠ざける、それでこそ知ということができる。

（民の義を務め、鬼神を敬してこれを遠ざく、知と謂ふべし。）

「鬼神」のことは「敬して遠ざける」というのは、「鬼神」という目に見えない不可思議な存在を迷信として否定するのではなく、それに対して敬意を払いつつも限られた人知でみだりに近づかないということである。第四章で見た通り、孔子にとって本当の「知」とは、不可知の領域をわきまえ知ることであったことを思い出してほしい。「敬遠」という熟語の典拠にもなっている孔子のこの発言からも、孔子が「鬼神」のことの重要性と複雑さとを十二分に認識しているからこそ直接対決を避けようとしていることがわかるのであった。

ちなみに、孔子の戒めにもかかわらず、後世の儒者たちはしきりに「鬼神」を話題にする。「鬼神」はみずからの先祖の霊というだけに止まらず、幽霊や祟りなどの怪異現象もすべて寄《よ》る辺《べ》ない「鬼神」の仕業と考えられる。朱熹は、「鬼神」を他のあらゆる事象・現象と同様に「気」の作用としていわば物理的に説明し、その神秘性を極力剥ぎ取ろうとする。そうした「気」による「鬼神」の説明は、「鬼神」にまつわる胡散《うさん》臭さを一掃するには役立ったが、同時に「鬼神」の問題の核心である祖先崇拝の意味を危うくさせかねないものでもあった。

魯迅と「二十四孝図」

西洋近代との出会いの中で、中国の近代化を妨げるものとして儒教を徹底的に批判した魯迅に『二十四孝図』と題する小作品がある。『二十四孝』とは、中国元の時代に編纂された親孝行物語で、二十四人の親孝行者の話がまとめられている。この二十四人の中には、先に紹介した舜も含まれている。それに挿絵を施した「二十四孝図」は、中国だけでなく日本にも伝えられ、寺子屋などで子供向けの教材として広く用いられた。この「二十四孝図」を、魯迅は唾棄《だき》すべきものとして痛烈に批判しているのであった。

魯迅が特に取り上げているのが、老莱子《ろうらいし》という、七十を過ぎた老人のその親に対するふるまいであった。老莱子は、老人であるにもかかわらず、老親（七十歳の親であればいったい何歳の老人であったのだろうか）の前で子供のような「おべべ」を着て、子供の持つ「ガラガラ」を手にだだをこねて見せたり、わざと転んで泣いて見せたりする。それは、子たる自分がまだ幼い姿を見せることによって、親に老いを感じさせないための「孝」のふるまいとされるのであるが、その姿を描いた挿絵がいかに醜悪なものであったかは想像に難くない。魯迅は子供の頃その話に至るたびに、あわてて頁を進めてその絵を見ないようにしたと書いている。

もう一人は、郭巨《かくきょ》という人物の話で、貧乏で母親に十分な食事が与えられないのに、母親が孫娘に自分の食事を分け与えるのを見て、母親の食い分を減らさないために孫娘すなわち自分の娘を埋め殺そうとしたという話である。物語は、郭巨の親孝行ぶりに天が感応して、掘った穴から黄金の釜が現れ、めでたしめでたしというものだが、親孝行のためには自分の子供すら埋め殺すという発想自体、常軌を逸したものと言わざるを得ない。この物語を読んで以降、幼い魯迅は父親や祖母の姿を見るたびに薄ら寒い思いをしたと書いている。

こうした極端な「孝」のふるまいが、古い時代の中国で実際に行われていたかどうかは問題ではない。魯迅が批判しているのは、そうした話を子供に教え込む伝統そのものであり、「孝」の美名のもとではおよそ非人道的な所業でも礼賛されてしまう旧社会の儒教的価値観なのであった。その最たるものとして紹介しておきたいのが、第三章でも触れた「割股《かっこ》」という風習である。

古来、中国では人の肉がある種の病に効くと言われていた。親がもしその病に罹ったならば、子たる者はみずからの「股《また》」の肉を切り「割」いて親に差し出さなければならない。我が身の肉を割くことは命懸けの行為であるというだけでなく、そもそも人に人の肉を食べさせるという行為自体、何ともグロテスクと言わざるを得ない。冷静に考えれば、いかに昔の人であっても抵抗があったにちがいないこの行為は、いつしか最高の「孝」の証しとされ、実際に多くの子が親のために肉を割いたのであった。この野蛮で危険な行為に対しては、さすがに何度もお上《かみ》により禁止令が出されている。それでも、「不孝」と指さされることを恐れる相互監視のもと、古い道徳観に縛られ人としてのまっとうな感覚を麻痺させてしまった人々により「割股」は続けられたのであった。魯迅が儒教を「人を吃《く》う礼教」と呼び批判したのは、単なる比喩ではなかったのである。

儒教的家族主義のゆくえ

第Ⅰ部をしめくくるにあたり、改めて東洋伝統の「孝」の意味を、今日的な観点から問い直してみたい。というのも、二十一世紀を迎え、個々人の尊厳や自由や権利はすでに自明のものとなった今日、親子といえども個々独立した人格であることが当たり前の前提となった今日、改めて家族や親子の価値が見直されているからである。こうした動きは、早くは個人を自立した存在として重んじる西洋近代の人間観に対する反省から生まれた。行き過ぎた個人主義のもたらす弊害や孤独感が意識されるたびに、東洋の家族主義が見直されるという図式は、これまでも繰り返されてきたステロタイプであった。とはいえ、自立した個人の集まりとして家族の絆や親子のつながりを大切にするという、いわゆる「いいとこ取り」がそう簡単に実現できるものではないことは知れたことであろう。本章で示したように、東洋の家族主義やそれを支える「孝」の価値観はそう生易しいものではないのであり、何よりも東洋に生きる私たちの先人たちは西洋の個人主義を受け止めるために必死で家族や「孝」と戦ってきたということを忘れてはならない。

未曾有の災害や疫病に苦しめられる今日、洋の東西を問わず私たちは改めて人と人との絆や人と自然とのつながりを見直そうとしている。日本では、東日本大震災の後、そして今も続くコロナ禍の中、改めて家族の有り難みを感じたという話をよく耳にする。核家族化や少子化が進み、結婚して家庭を持たない人が増える中、非常事態になって改めて一人で生きることの心細さを痛感したということなのかもしれないが、だからと言って私たちはかつて乗り越えるべきものだと考えられていた家族制度や親子関係に逆戻りして済ますわけにはいかない。

本章で取り上げた「孝」について言えば、今日の私たちは「孝」のために社会正義を無視することを許さないし、自分自身の考えを捨てて親に絶対服従することも良しとしない。孫の顔を見せることが親孝行だという考えは根強いとはいえ、子孫を残さないことをあからさまに非難することも憚られる。そもそも、今日の親はかつての親ほど強権をふりかざさないし、子にもいわゆる「権利」が云々され、親子関係も昔ほど非対称的ではない場合が多い。つまり、たとえ親孝行がほほえましく受け止められ、親子を中心とした家族関係の価値が再評価されたとしても、今日の私たちにとって「孝」はすべてを超える第一義の価値ではないということだ。私たちには正義や平等や権利などより大切だと考えるものがあり、それらと抵触しない「孝」が良しとされているにすぎないのである。しかし、それでもなお「孝」は「孝」なのであり、親子は親子なのである。特に、困難な状況になればなるほど、最後に逃げ込む先が親子を中心とする家族であるのならば、それ以上逃げ場のない家族がどれだけの危険をはらんでいるのかについて自覚しておくべきだろう。

「孝」の名のもと、かつて人は親の言うことであれば社会正義すら踏みにじった。親を食べさせるためには、我が子でも殺した。親の病を治すためには、自分の肉すら食べさせた。子孫を残さない者は、一族の面汚しと後ろ指さされるだけでなく、死後の安楽まで否定された。……これが東洋における「孝」であり、親子関係であったことを銘記しておきたい。

一方で、このように考えることもできるのではないか。「孝」の名のもと、かつて人は同じ「気」を共有し最も近しい親を思う偽らざる心情を最優先し、社会正義や常識すら踏み越えた。万物が「気」でつながり合う中、自分の存在を先祖から子孫へと連綿と連なる生命の流れの一部としてとらえ、その中で果たすべき役割を担おうとした。

このように言い換えるならば、自然に対峙する一箇の人格を各々担わなければならない個人という発想の限界に対して、「孝」がなにがしかの示唆を与えてくれるのではないだろうか。

第Ⅱ部　朱子学の奥座敷——朱子学で「哲学」してみよう

第Ⅱ部・はじめに

第Ⅱ部では、いよいよ朱子学の「奥座敷」に乗り込み、朱子学の用いるキー概念のいくつかを掘り下げ、そこにある問題領域をより普遍的な視点から問い直すこと、すなわち朱子学で「哲学」することを目指したい。「哲学」と聞いて引き返そうと思った人は、ちょっと待っていただきたい。「哲学」という響きがもたらす高尚そうな、そして小難しそうなイメージは、東洋の私たちの先人にとってかつて朱子学のものであった。朱子学の懐《ふところ》に飛び込んでその正体をあばいてしまえば、「哲学恐るるに足らず」ということになるかもしれない。せっかく門をくぐり、大広間で寛いでもらえたならば、いま一歩、ずずっと奥へ足を伸ばしてのぞいていってもらいたい。

その前に、第Ⅰ部から第Ⅱ部への橋渡しとして、孟子について触れておきたい。第Ⅰ部の大広間で私たちを待ち構えていたのは、孔子という儒教の祖であった。「朱子学の大広間」と銘打ちつつ、朱熹ではなく孔子の言葉ばかりを紹介したのは、当たり前のことだが朱子学が孔子を祖とする儒教であるからにほかならない。少なくとも朱熹自身は、孔子の思想を祖述することをみずからの学問と考えていたのであり、孔子とは別に新しい思想を打ち出すことを考えていたわけではなかったのだ。

とはいえ、朱子学の議論には、孔子の語らなかったことが多く含まれているのも事実である。朱熹に言わせれば、後世の人間が孔子の思想を真に理解しようとするためにどうしても必要な説明であるということなのだが、それにしても『論語』の世界と朱子学とでは趣がちがいすぎないか。さりげない日常の教えの中に現代にも読み継がれる妙味がこめられた『論語』の魅力に対して、朱子学はなんと七面倒くさい理屈ばかりか。こうした批判に対して、朱熹が援軍に頼むのが孟子なのであった。孟子は、孔子から朱熹への橋渡し役、大広間から奥座敷へと続く渡り廊下なのである。

孟子は、孔子より約二百年後の時代に生きた儒者である。当時はいわゆる戦国時代と呼ばれ、孔子が慕った周王朝の威信はすでに地に墜ち、諸侯が覇を競った混迷の時代であった。この時代は「諸子《しょし》百家《ひゃっか》」の時代とも呼ばれ、富国強兵を求める諸侯に対して様々な学派が様々な学説をひっさげ遊説した時代でもある。そのような中、儒家の旗手として孔子の思想を説いて回ったのが孟子であったのだ。もっとも、力による覇権が求められたこの時代にあって、孟子の説く儒家の思想は、即効性に欠ける理想論としてあまり有り難がられはしなかった。結局、百家の一つである法家を採用した秦の統一により戦国時代は終止符を打たれるのであるが、その後の漢王朝に儒教が国教化されたことを知っている私たちからすれば、歴史の巡り合わせの不思議さと儒教のねばり腰を感じずにはいられない。

ともあれ、困難な時代にあって、孟子はみずからの信じる孔子の教えを堅持すべく、積極果敢に論争を繰り広げた。『孟子』という書物に見える孟子の言葉には、儒家のプライドをかけた尊大な態度や詭弁ともとれる論争のための巧みな論術が多く看て取れる。孟子は、みずからのそうした発言を「已《や》むを得ざる」ものとしているが、これが後世孟子に対する評価を分けることになる。

今日では「孔孟の教え」という言い方が儒教の代名詞にもなっているが、孟子を孔子の正統後継者と確定させたのは、ほかならぬ朱子学であった。朱子学が権威をもったことによって、孟子の地位は揺るぎないものになったのだが、実はそれ以前は儒者であっても孟子を批判することはそれほど珍しいことではなかった。孟子に対する批判は、先に述べたような孟子自身の傲慢な態度や物言いもやり玉にあがるのだが、その核心は、孟子が諸侯に王者となるための王道政治を説いたことであった。すなわち、孔子はあくまでも周王朝の復権を理想としていたのに対して、孟子は周の存在を無視して諸侯が王者として天下を統一することを勧めたということである。その上、孟子は「性善説」など孔子の語らなかったことを勝手に説いてまわっている。そうした孟子の態度は、根本的に孔子の精神に反するものであり、さらに言えば孔子の向こうを張ろうという不遜なものではないのか。

これに対して朱熹は、孟子の言動はすべて孔子の頃よりもさらに悪化した時代の中で孔子の道を守るためには「已むを得ざる」ものであったと弁護する。朱熹のこの孟子弁護は、そのままみずからの学問に対する自己弁護でもあった。つまり、孔子の時代よりも混迷を極め悪化した孟子の時代よりもさらにはるかに時を隔て、いっそう正しい道が危うくなった時代において、孔子の道を継承するためには孟子のように「已むを得ず」孔子の語らなかったことを語るしかない、というのが孟子を正当化した朱熹の自己正当化なのであった。

もっとも、朱熹は孔子と孟子との間に超えがたい一線があることも強調している。それは言い換えれば「聖人」と「亜聖《あせい》」すなわち「聖人」に「亜《つ》ぐ」者との人格的境地の差であった。朱熹は次のように孔子と孟子の差、『論語』と『孟子』の差を語っている。

孟子は人に教えるのに理や義の根本について多く語っている。一方、孔子は具体的な実践の努力のしどころについて人に教えるだけだ。(『朱子語類』巻十九)

孔子は人に教えるのにただ「ふだんの立ち居振る舞いは恭《うやうや》しく、物事を執り行うときには慎重に、人との交際においては精一杯尽くしなさい」と言うだけで、その中に考えをすべてを含ませ、人に自分で求めるようにさせている。孟子になるとずばり「性善」と指摘してしまって、すでに聖人らしくなくなってしまっている。(同上)

日常的な実践を積み重ねていけば、おのずとそれらを貫く道理にたどり着くというような絶妙な教育は、聖人である孔子にしかできない芸当なのであった。それに対して、亜聖にすぎない孟子は、孔子が個別具体的に語ったことの意義や根拠を理詰めで語らずにはいられない。そのことゆえに聖人らしくない言われても、いまだ聖人ではなく聖人を目指し学ぶ者にとって、みずからが取り組む学問の意味や根拠を明確にすることは、主体的に学ぶためには有益なことなのだ。朱熹は、孟子をその理論武装ゆえに聖人らしくないとしつつも、それが学ぶ者にとって不可欠なものであるとして孟子の功績を位置づけ、みずからもその路線を継承する。

ともあれ、孟子を孔子の嫡流《ちゃくりゅう》に位置づけたことによって、そしてその孟子の嫡流を自任することによって、朱熹は孔子の語らなかったことを語る立場を得たのであった。では、孔子の道を後世の者が見失わないために、孔子は語らなかったが孟子が語り朱熹が語ったこととは何であったのか、それが第Ⅱ部で紹介する「性」や「心」といった概念なのである。これらは同時に朱子学の主要概念でもあるのだ。

渡り廊下がやや長すぎたかもしれないが、ここからがいよいよ「朱子学の奥座敷」、以下順を追って紹介しよう。

第八章　性――人はなぜ善（悪）をなしうるのか？

最初は「性《せい》」の話である。「性」の話といっても、「性の目覚め」「性教育」「性風俗」等の「性」の字から連想されるセクシュアルな話ではないのでびっくりあるいはがっかりしないでいただきたい。朱子学の奥座敷に足を踏み入れると、そこは意外にも東洋神秘の桃色空間であったなどという展開はないのである。とはいえ、いわゆるセクシュアルな事柄に「性」の字を充てることは、たとえば「性欲」が人間の場合には動物的本能以上に社会化されたものであることを考えれば、以下に紹介する「性」の話と遠いところで呼応しているのかもしれない。そのことを心のどこかに置きつつ読み進めてもらいたい。

性相近し

『論語』の中に「先生が性と天道のお話をされるのは、めったに聞くことはできない（夫子の性と天道とを言ふは、得て聞くべからざるなり）」という言葉がある。「性」について、孔子は語りたがらなかった。唯一『論語』の中に残る「性」に関する孔子の発言は次のようなものである。

性は似たり寄ったりだ。習慣によって大きく隔たる。

（性相近し、習へば相遠し。）

「性」とは、ものの本質・本性、そのものの本来の姿を意味する。孔子が言う「性」はもちろん人間の「性」であるが、それを孔子は「相近し（似たり寄ったり）」とし、人間の差異は後天的・習慣的に身につけたものに因《よ》るとしたのである。人間は誰も本質的には同じようなものであるという孔子のこの発言は、ある意味ごく常識的な人間観察に基づく実感なのであろうが、だからこそ「性」そのものを語ることは何かの言い訳にこそなれ、あまり意味がない。それよりも習慣や習性といった後天的努力でどうにかできることを問題にすべきだというのが孔子の考えであったのだろう。

ところが、後世「性」は儒教の中心的話題の一つとなる。孔子が語らなかった「性」を後の儒者たちはなぜかくも熱く語ったのであろうか。

性と善悪

ところで、儒教の「性」の議論に特徴的なことは、「性」を「善悪」という倫理的評価において論じるということである。人間の本性・本質とはそもそも何なのかという議論ではなく、それが善か悪かというところに彼らの関心は集中するのであった。これは、儒教の主戦場が道徳や倫理思想、あるいはそれに基づく教育や政治思想の場であるからにほかならない。儒者にとって「性」を論じることは、人間が善を行うことができる根拠をどこに求め、その善行の実現を何によって保証するかということを明確にするためのものなのであった。もちろん、このことは同時に、人間はなぜ悪を行うのか、どうしたらその悪行を防止できるのかということと表裏をなす。善悪入り乱れる、否むしろ悪が目立つ現実の人間社会を善きものにできる可能性の根拠はどこにあるのかということが「性」の議論の核心なのであった。

したがって、儒教の「性」をめぐる議論は、いずれの立場をとるにせよ、結局のところ道徳や教育、政治や法律といった人間の営みの価値や有効性をどのように説明するかということに帰着する。そういう意味においては、「性善」も「性悪」も結局は似たようなところに行き着くしかない。つまり、いかに「性善」をとなえても、世の人は誰もが本質的に善人なのだから何もせず放っておいてもかまわない、道徳も教育も政治も不要だという話には至らないのであるし、逆に「性悪」を極論し、世の人は誰も本質的に悪人なのだからどのような道徳や教育や政治を以てしても腐った性根《しょうね》は直らないということにもならないということだ。どちらの立場をとるにしても、最終的には「性」に任せるのではなく、「性」を根拠に道徳や教育や政治の価値を強調することが「性」を論じる目的であったのだ。そして、どちらの立場をとるにしても、「性善」にもかかわらず悪人・悪行が存在すること、「性悪」にもかかわらず善人・善行が存在することを説明しなければならないのはいうまでもない。

ところで、「性」を善悪において論じるとすれば、考えられる組み合わせは限られる。すなわち、次の5つのパターンである。①「性は善」、②「性は悪」、③「性に善悪がある」、④「性に善悪はない」、⑤「性が善の人もいれば、性が悪の人もいる」。
以下、順を追って説明したい。

孟子の性善説

まずは儒教の本道である性善説について見てみよう。性善説と言えば、孟子の名を思い浮かべる人もいると思うが、漢文の授業などで孟子の次の文章に触れたことのある人も多いのではないだろうか。すでに第一章でも紹介したが、ここで改めて取り上げてみる。

人には誰でも人に忍びざるの心（他人に同情する心）がある。……そのようにいう根拠は、たとえば今突然子どもが井戸に落ちようとするのを見れば、誰でも怵惕惻隠《じゅってきそくいん》の心（はっと驚きかわいそうだと思う心）が生じ、思わず駆け寄り助けようとするであろう。それは、子どもを助けて、その子どもの父母に取り入ろうとするからではない。仲間内で子どもを助けたという名声を得たいがためでもない。助けなければ非難されることを恐れたためでもない。こうしたことからみれば、人に忍びざるの心がないのは人ではない。同様に、羞悪《しゅうお》の心（自分の不善を恥じ人の不善を憎む心）がないのは人ではない。辞譲の心（謙虚に譲る心）のないのは人ではない。是非の心（正しいこととそうでないことの区別をする心）がないのは人ではない。惻隠の心は仁の端（端緒）である。羞悪の心は義の端である。辞譲の心は礼の端である。是非の心は智の端である。人にこの四端があるのは、ちょう

ど人に四体（両手両足）があるようなものだ。（『孟子』公孫丑上）

孟子は、井戸に落ちようとする子どもを損得勘定抜きで思わず助けようとする人間の心の動きを根拠に、人間には「仁」があると言う。ここに言う「仁」は人としての思いやりや優しさ、あるいは人の不幸を黙って見ていられないという同情心や共感力を意味するが、それが人としての善き徳目の筆頭であることについてはすでに第一章で見たとおりである。「仁」だけではなく、「義」も「礼」も「智」も人は「性」として生まれ持っているのであり、そのことは私たちが無意識のうちに「羞悪（自分の不善を羞じ、他人の不善を憎む心）」、「辞譲（謙虚に譲る心）」「是非（正しいこととそうでないことを区別する心）」といった心の動きをすることによって知ることができるのである。

孟子は、人が思わずそうせずにはいられない無意識の心の動きを根拠に、人の心には「仁」「義」「礼」「智」の善き「性」が内在すると言うのであった。人はなぜ困っている人を見て心を痛めずにはいられないのか、不正に対して羞恥心や義憤を感じずにはいられないのか、それは人の心の中に「仁」や「義」といった善なる「性」があるからにほかならないというわけである。孟子は、あたかも本能のごとき人情の自然に訴えることによって、「性善」を証明しようしたのであった。

もっとも、この証明のしかたが十分なものでないことは見やすいところである。同じ論理で次のように言うこともできる。人には思わず他人を妬んだり、われ先にと利己的な行動をする場合がある。そうした心の動きがあるということは、人の心の中にそのもととなる悪しき「性」が内在するということである、云々。孟子は、良い面だけを例に挙げているが、同じ理屈でいくらでも「性悪」を説明することも可能なのであった。

性善説と道徳・教育・政治

では、孟子の性善説は、儒教の生命線である道徳や教育や政治の価値をどのように支えるのであろうか。人には生まれつき善なる「性」があるのならば、放っておいても善い人ばかりの善い世の中になるはずで、なぜ道徳や教育や政治が必要であるのか。

それに対する孟子の説明は十分なものではない。孟子は「性」をあくまでも端緒（四端）であるとし、それを「拡充（より広い場面におし拡げて内実で充たす）」させることの必要性を語るだけで、なぜ「性」が端緒に止まり「拡充」を要するのかについて論理的に説明ができているわけではない。みずからの善なる「性」を自覚せずに「拡充」しようとしないのは「自暴自棄（自分で自分をだめにしている）」と言うだけで、そうなってしまうのはなぜかということを説明していない。

孟子はむしろ儒教の道徳・教育・政治が有効に働く根拠として、性善説を語ったのであった。人の「性」が善でなければ、いくら道徳や教育や政治が正しく行われても、人が善き者になれる保証はない。人の「性」が本来善であればこそ、道徳や教育や政治はその効果を発揮することができるということである。

孟子は、性善にもかかわらずなぜ不善が存在するのかについて説明をしていない。このことの説明は後世の朱子学まで待たなければならないのだが、それについては後述する。

性善説のゆくえ

孟子の性善説は、人が誰しも認めるであろう自然な心の動きを指摘することによって、その大本《おおもと》に善なる「性」があることを言わんとするものであった。しかしながら、この説明では人はなぜ思わず善からぬことを考えてしまうのか、なぜ現実には悪人がいるのかを説明することはできない。また何よりも、自然な心の動きが万人に共通する保証もない。井戸に落ちそうな子どもを見てもとっさに駆け寄る人ばかりではないのである。むしろ、それが人情の自然であると強調されることは、駆け寄る気にならなかった人の人情の自然を否定することにすらなる。性善説の根拠が人情の自然に置かれたことによって、性善説にもとづく道徳や倫理は、ときにそれを自然だと感じられない人に対して人非《にんぴ》人《にん》の烙印を押すという怖いものにもかねないのであった。

およそ儒教がとなえる徳目は、それが人の心の自然な動きであるということを根拠としている。逆に言えば、それ以外に何の根拠もないということである。他人に優しくするのも、礼儀正しくふるまうのも、親に孝行するのも、なぜそうするかと言えば、そうすることが人情の自然であり、そのように振る舞えば心地良いからなのである。ためしに他人にいじわるをし、無礼な振る舞いをし、親不孝をしてみればよい。そのとき、人はどれだけ嫌な気持ちになり、落ち着かないことか。それは「性」に反することをしたからなのだ。

しかし繰り返すが、そうした人の気持ちや感情は、たとえそれが大多数の人に当てはまったとしても、誰にでもあてはまる普遍的妥当性をもつものではない。むしろ、まさに自然であるのだから、そう感じない人の自然を否定することはできないはずである。誰でも普通そう思うはず、という儒教性善説の最大の根拠は、儒教道徳が力をもつ社会において、普通でない人を追い詰め、普通でなければならないというういわゆる同調圧力を生みかねないのであった。

荀子の性悪説

では、対極にある性悪説とはどのようなものなのか。性悪説で有名なのは、孟子より少し後の時代に生きた荀子という儒者である。荀子については、第三章の「礼」のところですでに触れたが、ここで改めては荀子の性悪説を取り上げてみたい。

人の性は悪である。善をなしうるのは、人為的な矯正の結果である。そもそも人の性は、生まれながらにして利を好む。それに従うがゆえに、争いや奪い合いが生じて譲り合う心がなくなる。生まれながらに妬んだり憎んだりする心がある。それに従うがゆえに、他人に対して残酷な心が生じて真心や信頼がなくなる。生まれながらに肉体的な欲がある。それに従うがゆえに、淫乱が生じて正しい世の中の秩序がなくなる。……だからこそ、必ず教育による教化と礼の正しい道があってはじめて、譲り合う心による正しい秩序が生まれ世の中は治まるのである。（『荀子』性悪篇）

孟子の性善説に比べると、荀子の議論は理路整然としている。人は本質的に悪であるのだから教育や政治によって矯正してこそ社会の秩序を保つことができるという荀子の説明は、儒教の道徳・教育・政治の存在意義を十分に明らかにするものであった。ちなみに、すでに第三章で説明したように、性悪説と相性のよいのは法律と罰則に基づく「法家」思想であるのだが、荀子はあくまでも儒家の立場で、法ではなく「礼」による教化・矯正を主張したのであった。

性悪説の矛盾

ところで、一見理屈として筋の通っている性悪説も、いま一歩踏み込めば大きな矛盾を抱えている。正しい教化・矯正を受ければ善きふるまいができるのであれば人は本質的に悪とは言えないのではないかという疑問に対しては、それはあくまでも意識的に善を行っているだけで本質はやはり悪なのであり、だからこそ道徳・教育・政治による不断の矯正＝強制は不可欠なのだ、と差し当たり答えておきたい。

それよりも根本的な矛盾は、そもそも人の「性」が悪であるのならば、その悪しき本性を教化・矯正するための「礼」はどこから生まれてきたのか、「礼」を作りそれに基づく「礼治」政治によって人々の悪を正しい秩序に導くことのできる人の「性」は悪ではないのか、ということである。

第三章でも引用した荀子の次の言葉を思い出してほしい。

礼はどこから生まれたか。人は生まれながらに欲がある。何かを欲して得られなければどうしても求めずにはいられない。求めることに際限がなければ他人と争わざるを得ない。争えば混乱が生じ、混乱すれば困窮する。先王はその混乱を嫌い、礼義を制定して社会を秩序づけ、それによって人の欲をほどよく調整し、人の求めるものを得られるようにし、欲によって物が奪い合いになり困窮することがないように欲と物のバランスをとるようにした。これが礼の起源である。ゆえに、礼とは人の欲をほどよく調整するものである。（『荀子』礼論篇）

荀子は、「先王」と呼ばれる特別な人物が、人々の欲をほど良く調整するために「礼」を定めたと言う。「先王」とは、儒教の伝説的な聖人たちのことで、彼らが野蛮な人類のために「礼」やそれに基づく政治制度を作り出してくれたのであった。

荀子はまた、先に引いた性悪説に続けて次のように語っている。

人の性が悪であるならば、礼義はどのように生まれたのかと尋ねる人がいるならば、私はこう答えたい。そもそも礼義というものは聖人の作為によるものであって、人の性から生まれたものではない。……聖人は思慮を重ね過去の文化遺産に十分習熟した上で、礼義を作り法規を制定したのである。したがって、礼義や法規は聖人の作為によって生まれたものであり、人の性からできたものではない。

これもすでに第三章で述べたように、荀子は「礼」を聖人の「作為」と考えた。これは、朱子学に集大成される孔孟中心の儒教の本筋において「礼」は人情の自然に基づくとされたことと対照的な立場であった。もちろん、荀子の言う聖人の「作為」も、人情の自然を参照した上での「作為」であるのだが、その場合の人情の自然すなわち「性」は決してほめられたものではないからこそ、聖人はそれを矯正するために「礼」を「作為」しなければならなかったのである。

ところで、このとき素朴な疑問が生じる。すなわち、聖人は神ではなく人であるならば、聖人の「性」は悪ではないのか。どうして聖人だけが性悪説を免れ、人々を正しく導くことができるのか。荀子は、聖人を特別の叡智と熟慮の人として別格視するが、これを性悪説の破綻と指摘することもできよう。しかし、荀子の意図はあくまでも儒教の「礼」の価値を強調するところにあったので、聖人の特殊性は自明のこととして議論の俎上《そじょう》に上《のぼ》せていない。

とはいえ、荀子にとって語る必要のなかった「作為」の主体について、今日の私たちはもう一歩踏み込んで考えてみることも無駄であるまい。「礼」であれ「法」であれ、私たちの社会にも様々な「作為」が存在し、それによって社会の秩序が保たれている。私たちの「作為」は誰の「作為」なのか、それが正しいということを何によって保証するのか。たとえ聖人と呼ぶべき善き人の「作為」であったとしても、それは独裁者の「作為」であると考えなければならない民主主義の時代の「作為」は、一人一人の性善を暗黙のうちに前提としているのではないか。理屈の上では性悪説ほど明確ではないように見えた性善説であったが、その力は思いのほか強い。それは、私たちにとって、人間本質の透視よりも人々の善性を信じたいという希望が勝っているからなのかもしれない。そうした希求を捨てきれないところがまさに性善説の本質なのであった。

性に善悪はあるか

以上、中国古代の「性」をめぐる議論の代表として性善説と性悪説を紹介し、それぞれが孕む問題点を指摘した。繰り返しになるが、性善説と性悪説は正反対の立場にあるとはいえ、結局のところ両者とも儒教の説く道徳や教育や政治の価値や有効性の根拠を示すことを目的とするもので、そういう意味において両者は見かけほど大きく隔たった立場ではなかったのである。

こうした「性」を善悪において論じる議論は、その後も続けられる。次に紹介するのは、「性には善も悪もある」とする立場と、「性には善も悪もない」という立場である。いずれも、性善説・性悪説とは異なり、現実の世の中に善人・善行と悪人・悪行の両方が存在することを踏まえた議論であった。

「性には善も悪もある」というのは、世の中において現実化した善悪いずれの根拠も「性」として人に内在するということである。人には善人になる可能性も悪人になる可能性もどちらもあるのだが、どちらが現実化するかは後天的な状況次第であるとされる。それに対して、「性には善も悪もない」というのは、現実の善悪と人の「性」とは無関係であるということで、この場合も人が現実に善を行うか悪を行うかは環境次第ということになる。

つまり、いずれの立場も、善悪は生まれ育った環境や社会状況によって左右されるのであり、したがって道徳や教育や政治こそが人の善悪を決するという考えであった。ただ、「性には善も悪もある」とする場合は、相変わらず「性」と善悪を結びつけて論じるということで、善悪の現実化が後天的な条件によるとしつつも、その条件が有効に働く根拠は人間の本質に関わるとする立場なのに対して、「性には善も悪もない」とする場合は、「性」を善悪という倫理的な評価と切り離すことで、「性」の意味合いそのものの変更を迫ることになるのであった。

人の性は様々

以上紹介した「性」説は、いずれも人の「性」を等し並みに論じたものであるのに対して、最後に紹介する「性善の人もいるし、性悪の人もいる」という立場は、「性」を一律のものとせず、人によって様々であることを言うものである。

この考えにもいくつかのバリエーションがあるが、ここでは唐の時代の韓愈《かんゆ》という儒者の「性三品」説を見てみよう。韓愈は人の「性」に「上品」「中品」「下品」の三種があるとする。「品」とは等級・ランクのことで、「性」に三つの等級があるというのである。「上品」の人の「性」はいうまでもなく善であり、同様に「下品」の人の「性」は悪である。性善の「上品」の人は後天的な努力や環境に関係なく善人であり、性悪の「下品」の人はどのように矯正しても悪人である。

問題は、「上品」「下品」に当たる人はごく少数であって、大多数の人は「中品」に属することである。「中品」の人は、善人になる可能性も悪人になる可能性も同等に有し、どちらに転ぶかは後天的な環境次第なのであった。つまり、ほとんどの人においては、先に紹介した「性には善も悪もある」または「性には善も悪もない」という説と同じ話になってしまい、やはり後天的な環境としての道徳や教育や政治が肝心というところに行き着くのである。

ただ、それまでの議論があらゆる人間に共通するものとして「性」を一律に論じていたのに対して、この説では人間の差異や多様性を認めることによって、劣悪な環境に育っても善人がいたり、どうしても矯正のできない悪人がいたりするという現実の矛盾を例外的少数として棚上げにすることに成功している。もっとも、大多数の人は後天的な環境によって善人にも悪人にもなる可能性があり、後天的な環境の如何《いかん》を問わず善人であったり悪人であったりする人はごく例外的な一部の人だけだというのは、ある意味きわめて常識的な説明にすぎないとも言えよう。

ところで、本章の冒頭に引いた「性相近し、習へば相遠し」の言葉に続けて、孔子は次のように語っている。

ただし上知と下愚の人は（後天的な習慣によっても）変化しない。

（唯だ上知と下愚とは移らず。）

孔子のいう「上知」はまさに「上品」の人、「下愚」は「下品」の人を指す。人間というものを常識的に論じようとすればするほど、結局は孔子の言葉に近づくというのも興味深いことではないだろうか。

朱子学前夜の性をめぐる議論の再燃

中国古代から繰り広げられてきた「性」に関する議論のバリエーションは以上の通りである。繰り返すが、儒教における「性」説は、いずれも「礼」に集約される道徳や教育や政治の価値と有効性を人間本質といかに結びつけるかということに終始するもので、そこにそれ以上人間本質への探究が開ける可能性は乏しかった。そういう意味で、「性」の議論はもう十分出尽くした感が否めないのであるが、にもかかわらず、朱子学が生まれる前夜の北宋の時代に儒教の「性」の議論は再燃する。

孔子の思想を掲げ孟子や荀子が儒家の旗手として活躍した古代、儒教思想は必ずしも現実的な力を持っていたわけではなかった。当時求められていたのは、乱世を勝ち抜き天下に覇を唱えるための思想であったが、儒教にはそうした言わば力による政治論は希薄であったのだ。力ではなく徳に基づく政治という、きれい事にも聞こえる理想論がそれなりの有用性を示したのは、漢王朝の統一以降のことになる。平和な時代の文化国家としての体裁を整えるのに儒教ほど適したものはなかったのである。とはいえ、体裁に用いられた儒教は、お上《かみ》の御用学問の例にもれず形骸化の道を余儀なくされる。つまり、儒教は権威と引き換えにその思想的活力を失ってしまったのであった。そうした儒教が再び息を吹き返したのが、朱子学が生まれる南宋の時代の一つ前、十世紀末に始まる北宋の時代であった。

北宋における儒教復活の理由については、「科挙《かきょ》」という儒教教養の実力に基づく官吏登用試験の復活や外来の仏教への対抗意識等々、様々に論じることができるのであるが、ここでは立ち入らない。それよりも北宋において「性」の議論が再燃したことに注目し、それがその後の朱子学にどのように継承されたかを考えることを通して、儒教の持つ生命力の所以《ゆえん》に迫りたい。その核心にあるのが、まさしく「性」に関する議論なのであった。

北宋時代の「性」に関する議論の特徴の一つは、それが「天人論《てんじんろん》」との関係で展開するところである。「天人」論とは、「天」と「人」との関係、すなわち自然界と人間界との関係をどのように考えるのかという議論であった。

「天人論」を分ける代表的な立場は、「天人相関」と「天人分離」の二つである。「天人相関」とは、自然界の現象と人間の営みとの間に密接な関係があるとするもので、「天人分離」はそれを否定し、自然現象と人間の行為とは無関係であるとするものである。たとえば、自然災害や異常気象が起こった場合、それを為政者の失政や不徳の致すところと考えるのが前者「天人相関」説であるのに対して、そこに相関関係を認めず、人は人としてできることに専念すべきだと考えるのが後者「天人分離」説である。

今日の私たちから見れば、「天人相関」説はいかにも迷信に満ちた「非科学的」「非合理的」な古代人の思想のように感じられることであろう。人の行為や道徳性が自然現象に直接影響を与えると考えることは、現代人にとってだけでなく、科学という概念のなかった古代の人々にとっても必ずしも認めやすいものではなかった。したがって、古代においても「天人分離」の主張は後を絶たないのであるが、儒教の主流はあくまでも「天人相関」、それどころかさらに進めて「天人合一」であった。ここに言う主流とは、後に朱子学へとつながる流れを指すが、それは北宋時代にはまだ必ずしも主流ではなく、それと対立する別の有力な儒者たちも数多く存在した。そして、彼らの間における「天人論」の立場の違いが、「性」に対する考え方を分けたのであった。

天人分離と「性に善悪なし」

「天人分離」の側に立つ儒者の多くは、「性」と善悪とを切り離して論ずる立場をとる。上述のように「天人分離」が比較的常識にかなう考え方であるのと同様に、善悪を「性」と切り離した現実場面で論じることはこれまたいたって現実的な説明であるということだ。しかし逆に言えば、「性」は現実化した善悪とは別のところに位置づけられることになり、「性」に対する新たな語り方が必要になるのであった。

古代から延々と続く「性」についての論争を経て、さすがに北宋の時代ともなると「性」説もやや複雑化する。その一つは、「性」を心の構造において論じようとするもので、「情」と呼ばれる感情や認識や判断といった心の現実的な作用との関係において「性」をいかに位置づけるかが問題となった。

北宋を代表する儒者の一人王安石《おうあんせき》は次のように語っている。

性とは心の動き（情）以前の段階であり、心が動いた後ではじめ善悪が現われる。したがって、性について善悪は論じられない。（「原性」）

「性」を心の動き以前の段階に想定し、善悪が生まれるのは心の現実的な動き以後のことであるから「性」について善悪は論じられないとするこの言葉は、古くから続いた儒教の「性」を善悪において論じる議論に終止符を打たんとするものであった。しかし、このことによって、「性」について新たな問題が生まれる。すなわち、そのように現実の心の動きとは区別された「性」とはいったい何ものであるのか、私たちは心の動く以前の「性」をどのように知ることができるのか、その「性」をいかに現実的な善悪の実現に結びつけることができるのか。つまり、現実に即した説明から「性」を排除したことによって、「性」は何とも捉えにくく語りにくいものになってしまったのである。

この「性」の捉えにくさ語りにくさを、北宋時代きっての文人でもある蘇軾《そしょく》という儒者は次のように語っている。

昔の君子は、性の捉えにくさを憂えて、捉えやすいもので性を語った。捉えられるもので性を語れば、それは（性そのものではなく）性の似姿だ。（『易伝』）

語り得るのは「性の似姿」であり「性」そのものは語り得ない、という蘇軾のこの言葉は、孟子が性善を説明するために「四端」と呼ばれる四つの現実的な心の動き（惻隠・羞悪・辞譲・是非）を持ち出したことを指している。つまり、私たちが語り得るのは「四端」だけで、その大本にあるとされる「性」（仁・義・礼・智）そのものについては「四端」を通してしか語りようがないのであった。

以上のように、「天」と「人」とを区別し、人間の知性や努力の及ばないところに「天」を位置づけた「天人分離」の立場において、「性」は同じく捉えにくく語り得ぬものとして彼方へ押しやられてしまったのである。

ところで、儒教の伝統において「天」と「性」とはもともと切っても切れない関係にある。この章の冒頭で紹介した孔子の言葉にも「性」と並んで「天道」が登場していたことを思い出してほしい。朱子学の「性」説に進む前に、儒教の経典の中で「天」と「性」がどのように結びつけられ語られていたかを見ておこう。

天と性

儒教経典の一つ『中庸』の冒頭に次の言葉がある。

天が命じたもの、それを性という。その性にしたがうこと、それを道という。その道を修めること、それを教という。

人の「性」は「天」より与えられた「命」すなわち使命であり、その「性」に即して生きるのが人としての正しい「道」であり、その「道」を修得させるのが「教」なのである。ここにおいて、「性」は「天」すなわち自然界全体の秩序と調和の中において、人が使命として果たすべき役割を意味することになる。

あるいは、『孟子』にも次のような言葉がある。

心を尽くせば、性を知ることができる。性を知れば、天を知ることができる。心を保持し、性を養うことによってこそ、天に敬意をもって対応することができる。（『孟子』尽心上）

人は、最も身近で切実なみずからの「心」を通してこそ「性」を知ることができるのであり、「性」を知ることは「天」を知ることに通じる。だから、「天」という人知を超えたものに畏敬の念をもって正しく対処するためには、「天」から与えられた「性」を大切に養うことが肝心で、そのためにはみずからのこの「心」を見失わないようにしなければならない。

この孟子の言葉において、「性」は「心」と「天」とをつなぐものとして位置づけられたのであった。それと同時に、語りがたく捉えにくい「性」へのアプローチは「心」をその出発点とすることになり、ここに北宋以来の「性」説が「心」との関係で展開してきた所以がある。

「心」については次章で改めて取り上げるが、孟子のこの言葉は「心」や「性」といった朱子学の議論に不可欠のタームを提供するものであった。そういう意味で、同じく儒教経典の筆頭に位置する『易経《えききょう》』の次の言葉も朱子学の道具立てには欠かせない。

理を窮め性を尽くすことによって命に至る。（説卦伝）

「心」と「理」と「性」の三つがそろったところで、朱子学の「性」説を紹介しよう。

性即理

北宋以来の「天人」と「性」に関する議論を承けて、朱子学は徹底した「天人相関」「性善」の立場をとる。現代に生きる私たちの常識感覚からすれば、自然界と人間界とを一体のものとして結びつけ、現実の悪を尻目に人の本質を善であると言い切るよりも、「天」と「人」の領域を区別し、「性」と善悪とを切り離す立場の方が現実的でわかりやすく、理屈としても筋が通っているように感じられることであろう。にもかかわらず、朱熹はなぜ迷信すれすれの「天人相関」とお人好しの楽観主義ともとられかねない「性善」を固持したのであろうか。古代から北宋にいたるまでうんざりするほど繰り返されてきた「性」に関する議論の蓄積を経て、朱熹はあたかも最も古めかしいものに立ち返ろうとしているようではないか。

朱子学において「天人相関」と「性善」が改めて強調されるとき、その鍵となっているのは「理」

という概念であった。すなわち、「天」と「人」とは「理」によって結びつけられるのであり、人の「性」は善の根拠たる「理」にほかならないのであった。

朱熹が敬愛する北宋の儒者に程頤《ていい》という人物がいる。兄の程顥《ていこう》とともに「二程子《にていし》」と呼ばれるが、朱熹は二程子こそが孔子から孟子へと受け継がれた儒教の本道の継承者であるとし、みずからも二程子の学問を引き継ぐことを自任している。その程頤から「性」に関して朱熹が継承したのが「性即理」という言葉であった。

「性即理」とは、「性」はとりもなおさず「理」である、「性」は「理」にほかならないという意味である。この「即」の字によって結びつけられる表現は、たとえば「色即是空、空即是色」「生死即涅槃、煩悩即菩提」等々もともと仏教で二つのものが不即不離・表裏一体であることを表すときに多用されたものであるが、朱子学や陽明学といった新しい儒教の中でも多く用いられている。

ただし、ここで注意しなければならないのは、「A即B」という場合、AとBとが表裏一体であることやAとBとが同じものであることを強調するだけでなく、A・Bいずれかがわかりやすいものであることを前提に、AによってBを、あるいはBによってAを説明しようとする語気が含まれるということである。これは文脈によっていずれのケースも考えられるのであるが、「性即理」を言う程頤の語気は後者、「理」のわかりやすさにおいて「性」を語ろうとするもの、すなわち「性とは何か、それはほかでもない理なのだ」というものなのであった。

朱熹は程頤の「性即理」を承《う》けて、あえて次のように「性」と「理」の区別を語っている。

性とは理にほかならない。心については性と呼び、物事においては理と呼ぶのだ。（『朱子語類』巻四）

物事において「理」と呼んでいるものを人の心においては「性」と呼んでいるだけで、「性」は「理」にほかならないと言うとき、「理」と言い換えれば「性」の捉えがたさは解消されることが暗黙の内に期待されているのであった。

それでは、その自明なものとしての「理」とは何であるのか、「性即理」がなぜ「性善」の根拠になるのか、「理学」たる朱子学の考え方にいま少し踏み込んでみよう。

理は善か？

朱子学を「理学」と呼ぶことがある。それは、朱子学の最も基本となる考えが「あらゆる物事にはそれぞれ理がある」というものであるからだ。「あらゆる物事にはそれぞれ理がある」とは、言い換えれば「あらゆる物事にはそれぞれ意味や価値や役割がある」ということであり、さらに言えば「あらゆる物事はただあるのではなく、あるべくある」ということを意味している。つまり、物事の正しく善きありかた、それがそのものの「理」なのである。そして、あらゆる物事がそれぞれ意味や価値や役割を持ってあるべくあることによってこの世界は美しく善きものとして調和するというのが、朱子学の根本的な世界観なのであった。

そうした考えに立つとき、人という存在もこの世界を構成する物事の一つにほかならない以上、そこには必ず人としての「理」があるはずである。人が人である意味や価値、人である限り果たさなければならない役割、人としてのあるべきありかた、それが人の「理」なのであり、それこそが「性」なのだというのが「性即理」の意味するところなのである。「性」を「理」と読み替えたことによって、人の「性」に期待される善は、「天人」を一貫するこの世界全体の調和という規模に拡大されたのであった。

もっとも、あるべき理想のあり方だの正しく善きあり方だのというものはいかにも人の勝手な思いであって、人以外の万物はただあるがままにあることによってそれぞれの「理」を全うしているとも言うことができる。いわば、人だけがあるがままに飽き足らず、そこにあるべき理想を重ね合わせようとしているのであるが、このことは反面、人だけがあるがままの現実とあるべき理想とに引き裂かれた存在であることを意味している。「性」は「理」にほかならないとあえて言うことによって、朱子学は人間の本来の姿と現実の姿、そして理想の姿というものを分けて語る枠組みを得たのであった。

悪いのは気のせい

では、「性即理」にもかかわらず、人はなぜ「理」に反したことをしてしまうのか。理想としての「理」が「性」として本来与えられているにもかかわらず、現実はなぜそれと乖離して人はときに不善をなしてしまうのか。なぜ現実は往々理想的ではないのか。これはそのまま孟子が明確に説明できなかったこと、すなわち性善にもかかわらずなぜ悪人・悪行が存在するのかという問題と重なり合う。このことを説明するために朱熹が用いたのがいわゆる「理気二元論」であった。「理」だけでは現実は説明できないのであり、理想的ではないのが常の現実を語るためには「気」が必要なのである。

朱子学の「理気二元論」とは、この世界のあらゆる物事や現象はすべて「気」であるがそこにはそれぞれ「理」があるというものである。「理」のときと同様ここでは「気」そのものの定義については深入りせず、「理気二元論」がどのような構造になっているのかに注目したい。

先に述べたように、この世界はただあるのではなくあるべくあると言うとき、そもそも何があるかと言えば「気」があるのであり、「気」のあり方に「理」があるというのが朱子学の「理気二元論」なのである。言い換えれば、目の前に広がるあるがままの世界はすべて「気」であるのだが、人はそこに「理」として意味や価値や役割や正しさや妥当性を見出そうとするということである。つまり、理想と現実という対比において、理想は「理」が、現実は「気」がその説明原理となるのであった。その一方、朱熹は「理のない気はないし、気のない理はない」とも言っている。「理」と「気」は表裏一体、どちらか一方だけでは何も説明できないのであった。理想はいつも現実との対比において語られ、理想のないところに現実についての評価はないということなのである。

さて、人は誰しも「天」より使命として「性」を与えられている。人としての「性＝理」が与えられたからこそ人として生まれ落ちたのであり、このすばらしき自然界の調和と秩序の一端を担うものとして与えられた使命であるのだから、人の「性＝理」は善きものに決まっている。しかしながら、その「性＝理」を受け取るとき、人はおのおのその生い立ちや肉体的条件、生活環境や時代状況など個別の事情を抱えている。これらはすべて「気」の状態の違いであるので、同じ「性」を得たとしてもその発揮のされかたは千差万別とならざるを得ない。つまり、「性」は善であるのだが、「性」のいわば入れ物である「気」の清濁・強弱・明暗などの差によって「性」の発現のされかたに違いが生じるのである。清く強靱で明朗な「気」を持った人であれば「性」はほぼ百パーセント発揮され聖人にもなり得るのに対し、濁った弱々しい「気」の人においては「性」はその発現を遮られ凡人どころか悪人にすらなることもあるのであった。

こうした「気」による差異を踏まえて、朱熹は「性」そのものを二段階に分けて説明することもある。それが「本然《ほんぜん》の性」と「気質の性」の区別である。「本然の性」が誰にでも可能性として存在する絶対善の「性」であるのに対して、個々人のもって生まれた「気」の差異を踏まえた上での「性」の有り様《よう》を指すのが「気質の性」なのであった。したがって、「気質の性」については、必ずしもすべて善であるとは言えず、むしろそれは人の個性を意味することになるのであるが、個性を個性として尊重するよりも、それを「気」による偏向であるとして万人に同質の「本然の性」に向かって変化させることを求めるのが朱子学なのであった。

万物の中で最もすぐれた「気」が集まったからこそ人として生まれたからには、人は後天的努力によってみずからの「気」を改善することができる。つまり、人だけがみずからの努力によって現実を克服し理想に近づくことができるのであった。人以外の万物にあるがままとあるべきとの対立がないのは、その間を埋めるべく努力するということがないからと言うこともできるのである。

以上のように、朱子学の「理気二元論」は、あるべき理想とあるがままの現実という二項対立の説明原理によって、本来の「性善」と現実の不善とを説明し、なおかつ現実の不善の克服と理想の実現の可能性を保証するものなのであった。

「〜性」と「〜らしさ」

朱子学において「性」が「理」と言い換えられたことは、人の本質に「かくあるべし」という理想・理念が押しつけられたことを意味している。人の「性」は善であるというよりも、善でなければならないのであった。「性」の字の本来の意味は、そのものの本質・本性であり、そのもの本来のありのままの姿であったはずだが、そこに「そうであるはずだからそうでなければならない」という意味が加わったということである。もっとも、このことは何も朱子学の「性即理」の定義を待つまでもなく、そもそも物事の本質や本来のありかたを考えるという人の「知」の行為にどうしてもつきまとうことなのかもしれない。ありのままをそのまま受けとめるには人の「知」はヤワすぎるのであり、「知」は「理」という防波堤を築かずにはいられないのである。

ここで改めて私たちの日本語の中で頻繁に登場する「〜性」という言葉を吟味してみよう。私たちが何気なく使っている「〜性」という言葉の裏に、「理」の影は見え隠れしていないだろうか。

「〜性」という日本語の表現もいくつかのグループに分類することができる。区別しやすいものから例示すると、「可能性・危険性・確実性・有効性」などの「どの程度〜であるか」を意味するもの、「植物性・引火性・弾力性・協調性」などの「〜の性質や傾向がある」を意味するものがある。また「問題性・関係性」といった言い方を昨今よく耳にするが、これらは「〜のありかた」というような意味で、大抵の場合は単に「問題・関係」と言うよりは高尚そうに聞こえるから「性」の字をつけているにすぎない印象がある。学術用語や専門用語に「〜性」という言葉が多いのは、何も高尚さを気取ったわけではあるまいが、日常語と一線を画さなければならないとき「〜性」という表現は便利であったと考えられる。

では、たとえば「人間性」という言い方はどうであろうか。「人間性が高い」「人間性を疑う」などと言うとき、それは人柄や人格や性格に対する評価を意味するが、そこには何らかの「人間らしさ」というものが前提となっているのではないだろうか。人間としてどうあるべきか、どうあるのが望ましいかということを漠然と共有しているのでなければ、「人間性」などというあまりにも多義多様な言葉が日常の中で通用するはずがない。

「〜性」はときに「〜らしさ」という暗黙の基準を前提としている。そう考えると「女性」「男性」という言い方の背後にも「女らしさ」「男らしさ」が期待されているのかもしれない。「〜らしさ」の押しつけを跳ね返そうとする「多様性」礼賛の時代において、「理」としての「性」について思いを巡らせてみることも無駄ではあるまい。

ちなみに、「性」の字の訓読みは「さが」である。「愚かな人間の性《さが》」「女の悲しい性《さが》」というように大抵は好ましいことではないがどうにもならないものというニュアンスがある。「人間性」と「人間の性《さが》」という日本語の意味合いの間にも、「性」の意味の奥行きを読み取ることができるのではないだろうか。

心は性情を統ぶ

この章を終えるにあたって、いま一度朱子学の「性」説に立ち返っておきたい。朱熹は「性」に関して程頤の「性即理」とともに、もう一つ次の言葉を重視している。

心は性と情とを統《す》べる。(『性理拾遺』)

これは、程頤とも交流のあった北宋の張載《ちょうさい》という儒者の言葉である。朱熹は「程頤の『性即理』と張載の『心は性情を統ぶ』の二つは、ぶつけてもたたいても壊れない」(『朱子語類』巻五)という過激な表現で、この二つの言葉が鉄板の定理であると言っている。張載のこの言葉において、「性」は「情」とともに「心」に統括されている。「性」と「情」とを統べるものとして新たに提示された「心」とは何なのか、次章でゆっくり検討するが、「心」という朱子学のご本尊が登場したところで、章を改めて先に進みたい。

第九章　心——心はどこにあるのか？

本書がこれまで取り上げてきた「仁」「義」「礼」「智」「信」「忠」「孝」そして「性」の諸概念はいずれも日本語において音読みが一般的であるのに対して、この章で取り上げる「心」の字だけは「こころ」という訓読みが通用している。もっとも、漢字と訓読みを自在に結びつけ意味の奥行きを楽しむことに長《た》けた私たちの先人は、たとえば「情」や「意」の字をも「こころ」と読ませるのだが、「心」という漢字と「こころ」という和語の結びつきは殊《こと》のほか強い。本書も、「心」の字については「しん」という音読みではなく「こころ」という訓読みで読み進めてもらいたい。

今も昔も、人は「心」に苦しみ、「心」を痛め、「心」に救われ、「心」を大切にしてきた。「心」ほど捉えどころがなく宛てにならないものはないことを知りつつ、それでも私たちは「心」を信じ求めずにはいられない。日々の生活感情や人生観から学問・芸術・宗教にいたるまで、大げさに言えば人類の様々な営みはすべてこの「心」をめぐって繰り広げられてきた。日常の中で「胸の内」や「気持ち」や「思い」として私たちを悩ましたり励ましたりする素朴な「心」も、現代人の複雑さを表現すべくやや高尚めいて「心理」や「精神」や「意識」と表現される「心」も、私たちは日々それに左右されながら生きていると言っても過言ではない。

それだけではなく、朱子学によって練り上げられた「理」の字と結びつけて「心理学」と翻訳されたサイコロジーにおいてはもとより、当初「理学」とも訳されつつ後に朱子学臭を嫌って「哲学」という新しい日本語に訳されたフィロソフィーにおいても、心理現象を脳の問題として解明するサイエンスにおいても、それぞれの学問の根幹には「心」の問題が立ちはだかっている。

こうした実に厄介な「心」の問題と格闘しつつ、「心」の尊厳を守ろうとしたのが朱子学なのであった。

心の欲する所に従いて

中国思想に少しでもなじみのある人は、「心」の学問すなわち「心学《しんがく》」と聞けばとっさに陽明学の名を連想するのではないだろうか。そして同時に、陽明学はアンチ朱子学であったことを思い出すはずである。たしかに、中国思想史の常識では「心学」とは陽明学を指し、その場合朱子学は「理学」と呼ばれる。「理学」としての朱子学は、肝心かなめの「心」を置き忘れ「理」ばかりを追う学問として陽明学に批判されたのであった。

しかし、本書は、朱子学の最優先課題は「心」の問題であったことを強調する。このことは本書だけでなく拙著『朱子学入門』においてもすでに繰り返し述べ、「朱子学は、ひと言で言えば、心の問題を解決し、より心安らかに生きるための思想である」とさえ豪語した。しつこいようだが改めて繰り返せば、朱子学が「心」の問題を儒教の領域に持ち込んだのであり、朱子学の核心は「心」の問題にほかならないのである。

ただ、朱子学が「心」を守るために持ち出した「理」が、結果的にはみずからの首をしめることになり、「心」を忘れた「理学」として陽明学に批判されたのは事実である。このことの経緯については後に触れるが、まずは伝統的な儒教の領域に朱熹がどのように「心」の問題を組み込んだかを見てみることにしたい。

ここまで「心」の重要性について縷々述べたが、孔子は「心」について語っていない。『論語』に見える「心」の字はごく数例で、いずれもごく一般的な意味に止まっている。ただし、その中の一例である「心の欲する所に従いて矩《のり》をこえず」は、朱子学や陽明学にとっても重要な意味を持つ言葉である。この言葉は、孔子がみずからの人生を振り返って語った次の発言に登場する。

私は十五歳で学問の道を志した。三十歳にしてその道を自分の足で歩み始めた。四十歳のときにはその道に迷いはなくなった。五十歳にはその道が天命であることを知った。六十歳にして人の意見を素直に聴くことができるようになった。そして、今七十歳になって、自分の心の欲するがままに従っても世の中の矩《のり》をこえることはなくなった。

（吾れ十有五にして学に志す。三十にして立つ。四十にして惑はず。五十にして天命を知る。六十にして耳順《したが》ふ。七十にして心の欲する所に従ひて矩《のり》を踰《こ》えず。）

「矩《のり》」とは、世の中の規範や決まり事、マナーやルールのことで、孔子は最晩年になってみずからの「心」の望むがままに振る舞っても世間の「矩」を犯すことはなく、思うがままに行動しても何の問題もなくなったと述懐しているのであった。自分の「心」のままに振る舞うことが社会において何の衝突もおこさず人から非難されることもないとすれば、それはなんとも安楽で心安らかな境地であろうが、ここで改めて問い直してみたい。なぜ「心の欲する所に従う」だけではなく「矩をこえない」ということが言われなければならなかったのか。世の中の規範やマナーなど頓着せず、「心」の望むがままに振る舞えるようになったというのではなぜいけないのか。世間の常識や伝統に縛られることなく、みずからの「心」の欲するがままに生きるのではなぜいけないのか。

答えは簡単である。それでは人の「心」は真に安楽にならないのだ。「心」の欲するがままに好きに生きてよいと言われても、自分の「心」のままが正しいことなのかどうかをつい気にしたり、他人によって承認してもらえないと落ち着かないのが悲しいかな人の「性《さが》」なのである。つまり、人の「心」は常に「矩」という外的な規範との関係において不安になったり安定したりせざるを得ないのであり、だからこそ両者が一致した孔子の境地は何よりも「心」の安楽として理想の境地なのであった。

ところで、この孔子晩年の境地は、朱子学や陽明学においても理想の境地される。「心」と「矩」の一致、朱子学流に言えば「心」と「理」の一致が朱子学以降の儒教の目指すものとなったのである。朱熹は次のように宣言している。

人が学問をすることを成り立たせているものは、心と理にほかならない。(『大学或問』)

放心を求む

孔子が語らなかったことを孟子に語らせ、それをみずからの思想体系の道具立てに使うという朱熹の戦略は、「性善」の議論以上に「心」という問題領域においてその本領を発揮する。孔子が取り立てて問題としなかった「心」の問題を儒教の最優先課題にすえたところに朱子学の新しさがあるのであるが、朱熹はそのことの根拠を孟子に求めたのであった。

前章ですでに紹介したように、孟子は「性」や「天」へのアプローチの第一歩を「心」に求めた。孟子は、「心」の機能を十分発揮させることを意味する「尽心」と、「心」をあるべきところに保持することを意味する「存心」が、善なる「性」へとつながる唯一の道であり、学問の本分はそこにあると考えたのであった。このことを孟子は次のように明言している。

学問の道は他にない。放心を求めること、それだけだ。(『孟子』告子上)

「放心を求める」とは、どこかあらぬ方へ放たれ見失ってしまった自分の「心」を取り戻し、あるべきところにきちんと保つことを意味している。孟子にとって、善なる「性」とつながる「心」がどこかへ行ってしまい「心ここにあらず」といった状態にならないようにすることが学問にほかならないのであった。あるべきところに保持され、その機能が十分発揮されれば、「心」は善なる「性」と一直線につながるのであり、その意味において孟子は「心」の価値に大きな信頼を寄せている。しかしそれと同時に、「放心を求める」ことが学問の道であると宣言する孟子には、「心」はいとも簡単に放たれ見失われてしまうものであるという自覚があったということにもなる。孟子にとって、「心」は最も頼りになるものであると同時に、最も危ういものなのであった。

こうした「心」の危うさについて、孟子は孔子の言葉を借りながら次のように表現している。ちなみに、孔子のこの言葉は『論語』には見当たらないもので、孟子がどこでこの言葉を得たのかは不明である。

孔子は「気をつけて保てばそこに在るが、忘れて放っておけばなくなってしまう。いつの間にか出たり入ったりして、どこへ行くかもわからない」と言っているが、これは心のことを言ったものであろう。（『孟子』告子上）

この危うく扱いにくい「心」を求め保ち、そしてそれを尽くすことが、朱熹が孟子から継承した孔子の学問の道なのであった。孔子は直接「心」のことを問題にしていないが、孔子の教えはつまるところ「心」をあるべきところに保つことにつながっている。孔子は日常の具体的なことを語るばかりであるが、それを実践していけばおのずと「心」は尽くされる。ただ、孔子という無類の教育者に直接導かれることのできない後世の者にとって、孟子のように学問の要点が「心」にあることをズバリと指摘してくれたことの価値は大きい。「性善」の明言と同様、孟子が後の時代の学ぶ者たちに残してくれた功績は計り知れない。しかしながら、そこは聖人ならぬ亜聖の悲しさ、孟子のこうした発言に問題がなかったわけではない。それを朱熹は次のように指摘している。

『論語』は心のことは語らず、具体的な事柄だけを語っている。『孟子』は心を語ったが、後に心を求めるという弊害を生んだ。（『朱子語類』巻十九）

「心を求める弊害」とは、人が「心」で「心」を求めるという自縄自縛に陥ることを意味している。朱熹は、終始この弊害と闘うことになるのであった。

心のあだは心

「心」で「心」を求めるというのは、自分の「心」で自分の「心」を捉えコントロールしようとすることである。これは、私たちが日々自己反省をしたりみずからを律したりというように無意識に行っていることにすぎないのだが、このことをひとたび意識してしまうとなかなか面倒な精神状態に陥り容易には抜け出せなくなってしまう。改めて意識してしまうと、「心」は求める主体としての「心」と求められる客体としての「心」の二つに引き裂かれてしまい、いったいどちらが本当の自分の「心」なのかわからなくなってしまうのだ。さらに言えば、「心」で「心」を求めていることを意識しているもう一つの「心」までが登場し、そうなるともう鏡の中の鏡に映った自分の姿のように無限に「心」が分裂していき、いったい「心」はどこにあるのかわからなくなってしまう。理屈を言えば、求める「心」と求められる「心」との間には厳密には常に時間差があり同一のものではないのだから「心」は引き裂かれたわけではない。しかしそう言われても、私たちの実感としては、「心」で「心」を捉えコントロールすることの困難が解消されるわけではない。

こうした「心」の自縄自縛については、昔の日本人も気になっていたようで、次のような和歌も見られる。

心こそ心をはかる心なれ、こころのあだはこころなりけり（『古今和歌六帖』四）

心をば心の怨《あだ》とこころえて、こころのなきをこころとせよ（『一遍上人語録』）

日本語ならではの言葉遊びにも似た表現であるが、一首のうちにいくつもの「心《こころ》」がちりばめられている。それが象徴するように、「心」は求めれば求めるほど分裂し、果ては求めようとする「心」そのものに苦しめられる始末、まさに「心のあだは心」なのであった。

あるいは、こうした「心」の苦悩を近代以降のいわゆる自意識の問題と重ね合わせて考えてみることもできよう。近代人の自意識の問題と格闘し、「我執」の克服に悩んだ夏目漱石に『こころ』という小説があることも偶然ではあるまい。かつて教科書にも載ったあの有名な小説がなぜ『こころ』と銘打たれたのか、本章を読みながら改めて考えてみてほしい。

心が心を観る?

朱熹がこの「心」で「心」を求める弊害にいかに自覚的であったかは、次に紹介する「観心説」と題された文章によく表れている。「観心」とは「心」を観ること、すなわち「心」を客体として観察することで、朱熹はそれを仏教のまちがった方法として批判しているのであった。

ある人「仏教に観心説というのがありますが、どうでしょうか。」

朱子「そもそも心というものは身の主たるものである。一であって二ではなく、主となるも客とはならず、ものに命ずるがものに命じられることはない。だから、心でもって物を観れば、物の理を知ることができるが、何か別の物でもって心を観るとすれば、この心の外にもう一つ別の心があってこの心を捉えることになってしまう。」(『朱子文集《ぶんしゅう》』巻六七)

ここで朱熹は、「心」はあくまでも一つであること、それは決して客体とはならず主体であることを強調し、「心」を目的語として客体化する「観心」という「動詞+目的語」の図式を批判している。

しかし、ここで朱熹は大きな問題に直面しなければならない。「観心」が問題であるのならば、孟子の「尽心」や「存心」も同じではないのか。「心を尽くす」「心を存す」と「心を観る」は、いずれも同じく「心」を目的語として客体化しているのではないか。

「心」が一つであり主であることを主張した後、朱熹はあえてこの問題を取り上げ、それに答えている。ちなみに、この「観心説」という文章は問答形式になっているのだが、文章全体を書いたのは朱熹その人であって、朱熹はみずから問題設定をし、みずからそれに答えるという形式でこの文章を書いているのであった。

朱熹の答えは長文にわたりやや煩瑣なので要約すると、「尽心」「存心」とは決して「心で心を尽くす」「心で心を存す」のではなく「心がおのずと尽くされる」「心がおのずと存す」ということだ、というものであった。そして、そのためには日頃の修養や読書といった「心」を直接対象としない努力が求められるのであった。つまり、「心」を尽くし保つためには、「心」が主体となって「心」ではない何者かを対象とする努力が必要で、そうすれば結果として「心」はおのずと尽くされ保たれるということなのである。

何だか問題をすり替えられているようで腑に落ちない人もいるかもしれないが、朱熹の解答は以上のようなものであった。要は、「心」の問題は「心」を意識の対象にしている限り解決しない、ということなのである。ここから、朱熹の「心」への果てしない迂回路が続くのであった。

心への迂回路

再三強調するように、朱子学の最重要項目は「心」であり、安らかで自由な「心」の獲得こそが朱子学の目指すところであった。ところが、この「心」というものが実に厄介なもので、人が最も不安な気持ちになったり悩まされたりするのもすべて「心」ゆえなのであるが、それをなんとか克服したいともがくのも「心」なのである。特に、このみずからの不安定な「心」をみずから落ち着かせ、みずからの善からぬ「心」をみずから善き「心」にしようとするとき、人は千々に分裂し錯綜する「心」に閉じ込められ身動きがとれなくなってしまう。

こうした状況を打破するために朱熹が選んだ方法は、意外にも「心」を意識や努力の対象にしないというものであった。「観心説」にあったように、朱熹は「心」をその主体性においてのみ強調する。人が何事かに取り組んでいるとき、その主体が「心」なのであり、それ以外に「心」は存在しない。したがって、「心」そのものが「心」の対象になることはないのであった。

もっとも、朱熹にとって重要であったのは、そうした主客の構造を論じることではなく、「心」を観察したり見張ったりすることの現実的な不毛さなのであった。目に見えない「心」にとらわれてますます「心」の安定を欠くことはもちろん、悪くすれば目に見えないことをいいことに独りよがりやごまかしに転じかねない「心」への関心は、結果として「心」に何ももたらさないことを、朱熹は一番警戒していたのである。

朱子学の方法は「格物窮理」と「居敬《きょけい》」と呼ばれる。「格物窮理」についてはすでに第四章の「智」

のところで紹介したが、要するに「心」の外にある事物の「理」を対象とする方法であった。「居敬」とは、「心」の有り様《よう》を「敬」なる状態、すなわち緊張と集中と覚醒の状態に保つことであるが、これも実際には目の前の具体的な事柄を慎重に取り扱ったり、立ち居振る舞いや服装や表情などといった目に見えるものをきちんと整えることが求められるのであった。つまり、「格物窮理」にしろ「居敬」にしろ、朱熹が求めているのは、「心」以外の具体的な対象に意識を向けて努力することなのであり、それが朱熹の示した「心」のための方法なのであった。朱熹のこの態度は、あたかも「心」を直接語らなかった孔子の態度にはからずも回帰しているようであるとも言えよう。

ただ、朱熹の考えとは裏腹に、「心」のために「心」に近づかない方法は、結果として「心」を置き忘れさせてしまう。迂回路があまりに長すぎた朱子学は、永遠に「心」にたどり着けないものと見なされてしまったのであった。そしてそのことが、目的地であった「心」を出発地に置き換えるという陽明学の逆転の発想を誘発したのであるが、このことについては後でもう少し詳しく説明する。

ちなみに、先に「心のあだは心」という和歌を紹介した一遍上人は、「心」へのとらわれを克服するために自力の否定にたどり着く。仏教者であった彼は、仏の力を信じひたすら念仏を唱えるというきわめて具体的な所作を通じて、「心」もろとも自我を仏と一体化させる境地を求めたのであった。もう一首、一遍の歌を紹介しよう。

となふれば仏もわれもなかりけり、南無阿弥陀仏なむあみだ仏あるいは、近代的自己意識としての「心」に苦しんだ夏目漱石が行き着いたのは「則天去私《そくてんきょし》」という言葉であったことは有名である。この言葉は漱石の造語のようだが、「天に則《のっと》り私を去る」とは、「天」という人間個人の存在を超えた何ものかに身を委ね、「私」というちっぽけな自我へのこだわりを去ることを意味しているものと思われる。漱石にとっても、自意識や我執としての「心」からの解放には、「心」の外の力が必要だったのであろう。

気を養う

「心」を直接の対象とせずに結果として「心」に効果をもたらす方法、「心」のために朱熹がたどり着いた方法の特徴は、簡単に言えばそういうことになる。こうした方法が有効であるのは、「心」だけでなく「性」や「気」といった「心」以上に捉えどころのないものにおいても同様であった。

朱熹が敬愛した程頤《ていい》は、孟子の後学に対する功績として「性善」とともに「養気」を挙げている。「養気」の話題は、『孟子』公孫丑上篇の「浩然の気を養う」の章に見える。「浩然の気」とは、人が天より授かったのびやかで強靱な「気」のことで、孟子はそれを日頃からうまく養っているので何事にも動じない「不動心」を得ているという話である。この「浩然の気を養う」の章において程頤や朱熹が注目しているのは、「浩然の気」そのものよりもその絶妙な養い方であった。「気」という目に見えず捉えどころのないものをいかに養うか、朱熹たちはそこに「性」や「心」に対する修養方法のヒントを見出していたのである。

孟子は次のような言い方で「気」の養い方を表現している。

必ず何か意識的に取り組むところがなければならないが、その効果をあらかじめ考えてはいけない。忘れてはいけないが、助長してもいけない。

そして、この言葉の後に有名な「助長」の故事を引いている。すなわち、昔ある者が苗の成長が遅いのを気に病み、苗を引っ張ってその成長を助け伸ばそうとしたところ、苗は枯れてしまったという話である。苗には苗の自然な成長力があるのであって、それを無理に助けようと苗自体に手をかけて引っ張ったりするとかえって台無しにしてしまう。とはいえ、苗を忘れてほったらかしにすればよいのではなく、苗がみずからの力で成長するように土壌を整えたり雑草を抜いたり適度に水を与えたり、様々に環境を整備してやることは必要なのであった。人が努力すべきことは、苗そのものを引っ張って伸ばそうとすることではなく、苗の力を信じてそれがすくすく育つようにあれこれ工夫することなのである。

孟子は、この苗の話を「気」の養い方の比喩として語っているのであるが、この養い方は朱熹たちにとっては「心」の養い方にも通じるものなのであった。「心」があるべきところに保たれ、その力が十分に発揮されるためには、「心」そのものを見張ったり押さえつけたりしようとするのではなく、その本来の力を信頼しそれ以外のことに努めること、「忘れてはいけないが、助長してもいけない」

という付かず離れずの絶妙な距離感を保つことが「心」の養い方をうまく言い得ているのである。

そもそも、「養う」という動詞にはほかの多くの他動詞とは違い、目的語となるものとの間に特別な関係が成り立っている。多くの他動詞の場合、たとえば「本を読む」や「映画を観る」という場合、目的語である「本」や「映画」はすでにそこに存在し、それに働きかけることとして「読む」や「観る」という行為が考えられる。それに対して「心を養う」や「力を養う」と言う場合、養われるべき「心」や「力」は必ずしもすでに存在するわけではなく、「養う」という行為の結果そこに生み出されるのであって、そのために実際に何をするのかと言えば、それは何か別の具体的な行為が期待されている。とはいえ、そこにはまだ十全に存在していなくとも何か根のような「心」や「力」がなければ、少なくともそれを信じていなければ、「養う」ということは成り立たない。まさに「忘れてはいけないが、助長してもいけない」なのであった。

ちなみに、この章において、孟子は「浩然の気」を「義」と表裏一体のものとして語っている。第一部ですでに触れたように、「義」には客観的な正しさや妥当性が求められるのであるが、孟子は「浩然の気」を養うためにこの「義」を積み重ねることが不可欠であるとしている。孟子のいう「義」に朱子学の「理」を重ね合わせるならば、ここにも「格物窮理」という「心」の外に対する努力がそのまま「心」の修養であるという朱子学の図式と同じものが読み取れるのであった。

心は性と情とを統べる

ここで改めて前章の最後に紹介した「心は性と情とを統《す》べる」という言葉を検討したい。繰り返せば、朱熹は張載のこの言葉と程頤の「性即理」とを絶対不変の定理と考えていたのであった。

この言葉において、「性」は「情」と並べられている。「情」とは「心」の現実的な動きであり、感情だけでなく知覚や意識、認識や判断などおよそ私たちが一般に「心」の働きと考えるもののすべてを意味している。この「情」と区別される「性」とは、その「情」が動く以前に想定されたものなのであるが、すでに何度も繰り返すようにそうした「性」は「情」と比べると何とも捉えどころのないものと言わざるを得ない。しかし、この「性」と「情」との区別は、「理」と「気」の区別と同様に、絶対に善でなければならない「性」と現実の不善とを説明するために不可欠なものなのであった。そして、張載の「心は性と情とを統べる」は、両者を分けた上で改めてそれらを統合するものとして「心」を位置づけたのである。

以上を図示すると次のようになる。

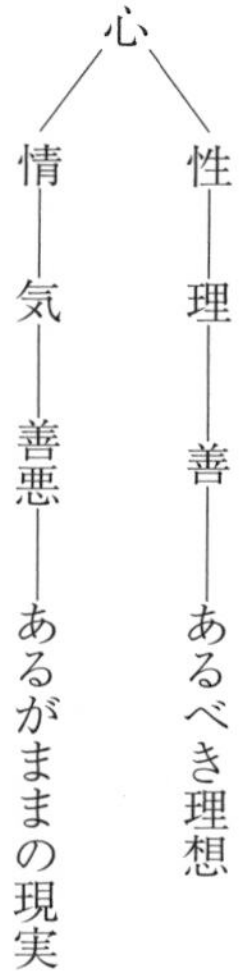

この新たに位置づけられた「心」を踏まえ、朱熹は「性」と「情」と「心」の関係を次のような比喩で説明している。

「命」が詔勅であるとすれば、「性」は職務、「情」は役所のようなもの、それに対して「心」はその職務を担う役人その人だ。（『朱子語類』巻四）

役人が上からの命令を果たすためにやるべき仕事を一定の場所で執行するように、人は「天」から使命として与えられた「性」をみずからの「情」において実現しなければならない。職責が果たせるかどうかは結局のところ役人その人にかかっているように、「気」の影響を受けた「情」において「性」を実現できるかどうかは、詰まるところ人の「心」しだいだということである。

ここに言う「心」とは、あるべき理想としての「性」とあるがままの現実としての「情」とを同時に見据え、「情」をできる限り「性」に近づけようとする意志、現実と理想の距離を認めた上で現実を理想へと近づけようと努力する主体的態度を意味する。逆に言えば、現実に満足して理想を見失ってしまったり、理想の実現をあきらめて現実に開き直ってしまえば、人に向上心や努力という発想がなくなってしまうように、「心」は失われてしまうのである。

朱熹が張載の言葉に見出した「心」は、いわば人がより善い人になろうと頑張るときにだけ立ち上がるものなのであった。そして、朱熹にとって学問とは、この「心」をいかに保つかということにほかならないのであった。

とはいえ、人はいつもいつもやる気に満ちていられるわけではない。ともすると理想と現実の距離に絶望して現実に居直ったり、理想を忘れて現実に満足したりして「心」を見失ってしまうのがそれこそ私たちの「心」の常なのであるが、朱熹はそれでも気を取り直して頑張ろうとするたびに「心」はたしかにそこに立ち現れるとして、次のように言う。

心が正しくあることを求めているその心こそ、すでに正しくある心なのだ。（『朱子語類』巻一一五）

悩み苦しみそこから逃れたいともがく「心」がすでに十分にまっとうな「心」なのだと言わんばかりのこうした朱熹の言葉は、ときに人の「心」を楽にするかもしれないが、ときに人を冷たく追い込む。追い込まれた人たちはどうなるのか、その一つの活路もしくは末路が陽明学なのであった。

心即理と性即理

陽明学と朱子学の違いを説明するときに、前者の「心即理」と後者の「性即理」を比較する場合がある。朱子学においては、「性善」にもかかわらず現実に不善があることを説明するために「心」は「性」と「情」とに区別され、「理」という善の根拠は慎重に「性」のみに結びつけられていた。それに対し陽明学は、そもそも朱子学が「心」を「性」と「情」とに分けたことに異を唱え、改めて「性」「情」を一つにした「心」がまるごと「理」であるとしたのであった。陽明学のいう「心即理」とは、自分の「心」がそのまま「理」であるということ、すなわち自分の「心」の判断がそのまま正しさや善の根拠であるということを意味している。

「心即理」という言い方は、朱子学においても用いられる。ただし、朱子学の「心即理」は、学問や努力の果てにたどり着く最終ゴールの境地であった。もちろん「性善説」の原則に基づけば、人は本来「心即理」なのであるが、現実には「気」の影響を受け「心」がそのまま「理」であるとは言い難い。本来そうであるということは、朱子学においては、だから必ずそうなれるはずだという可能性の根拠である以上に、そうなれるはずだからそうならなくてはいけないという強制力として働くのが常である。やればできるということがやる気につながるうちはよいのだが、できるはずなのにやらないのは許されないという方向に進んでしまうところに、朱子学の評判の悪さの原因があるのかもしれない。いずれにせよ、朱子学においては「心即理」は、はるか彼方に掲げられ、なおかつ絶対にたどり着かねばならない目的地であり、「性即理」を頼りに一歩一歩近づいていかなければならない目標なのであった。

そうした朱子学に対して、まったく正反対の発想をぶつけてきたのが陽明学であった。陽明学においては、「心即理」は目標ではなく出発点なのであり、理想ではなくいまここにある現実なのであった。人はみずからの「心」がそのまま「理」でありすでに常に善であることを自覚すればよい、というのが陽明学の「心即理」なのである。

先に紹介した孔子の「心の欲する所に従いて矩をこえず」を例にもう少し朱子学と陽明学のちがいを説明しよう。孔子のこの境地はまさに「心即理」を意味している。朱子学においては、「心」の欲する所が「矩＝理」をこえないように努力することによって、いつか無意識のうちに「矩＝理」を踏みこえないようになると考えている。つまり、「矩＝理」に「心」を合わせることによって、「矩＝理」をこえるようなことを「心」は欲しなくなるということだ。これに対して陽明学は、「心」の欲する所がそのまま「矩＝理」であるとするもので、この場合「矩＝理」は「心」が決めることになる。

両者の問題点をあげつらえば、朱子学においては、みずからの「心」の実感よりも社会的・伝統的な規範が重視され、それに慣らされた結果それをあたかも「心」が欲しているかのように思わされているのではないかという、いわばだまし討ちの感が否めない。陽明学に対しては、誰もがとっさに感じることであろうが、自分の「心」が世の中の規範であり正しさの根拠であるということの危うさを指摘することできよう。自分の「心」にそこまでの権利があるのだろうか、そもそもそれでは先に述べたように本当の安心は得られないのではないか。

こうした疑問に対して、まずは朱子学も陽明学も同じ考えを前提としていることを指摘しておきたい。すなわち、「矩＝理」は本来「心」の自然な動きから生まれたものであるということである。第三章の「礼」のところでも触れたように、儒教的な世界観において人の世の様々な秩序は本来人情の自然に由来するものとされていた。したがって、朱子学においてどれだけ「矩＝理」に「心」を合わせるように強制したとしても、それは「心」が「気」の影響で鈍っているから強制と感じるだけで、「心」が「性」のままの境地にたどり着けた暁には孔子のように「矩＝理」のままが心底自然なことと感じられ、安らかな「心」が得られるはずなのであった。

反対に、陽明学のように当初から「心」を「矩＝理」とすることに客観性を欠く危険が感じられても、そもそも「矩＝理」とは「心」の自然な動きが生み出したものであるという前提が働くのであり、問題は「心」にどれだけの信頼が寄せられるかが問われるにすぎない。むしろ「心」の善性を信じて疑わなければ、人は既存の「矩＝理」を踏みこえることを敢えて欲しないはずだというのが、陽明学の隠された本音なのである。

つまり、朱子学においても陽明学においても、それぞれの主張するところに後ろめたくひるむところはないということなのであるが、現実には両者とも先に挙げた懸念が的中する。朱子学に対しては、外から押しつけられる「理」によって「心」の自由を縛ったという批判が、陽明学に対しては、主観的な「心」に全権を与えて世の中の規範としての「理」を恣意的にゆがめたという批判が後を絶たないのであった。

翻って朱熹その人にさかのぼれば、伝統的な儒教に「心学」を持ち込んだ張本人であるにもかかわらず、朱熹自身は学問が「心学」へと傾斜していくことにむしろ警戒感をいだいていた。それはすでに述べたような「心」の扱いにくさを熟知したからでもあるが、それ以上に「心学」の行き着く先が結局は陽明学のような立場にならざるを得ないことを予期していたからにほかならない。朱熹が

「心」の外の「理」を重視したのも、実践において「心」以外の対象が必要であったというだけでなく、「心」を支える確かなものがなければ陽明学のような「心」の肥大化を免れないことを予期していたからなのであった。

ところで、「心」を支えるものが「理」というこれまた「心」に輪をかけて捉えどころのない抽象的なものであるのは、それはそれで危険なことではないのか、今日の私たちであればそうした疑問も抱かずにはいられない。「理」といい「矩」といい、それが具体的な内容を持って人に迫るとき、その根拠は何なのか。何が「理」であり「矩」であるのか、すなわちどうすることが正しく妥当なのか、そしてそれが正しく妥当であるのはなにゆえか。こうした問いをつきつめれば、つまるところぐるっと回って人の「心」に問いただす以外にないのではないか。そう考えるとき、「理」によって「心」を支えることの限界が垣間見られることはは否めない。しかしながら、朱熹たちには「理」そのものを支える別の根拠があった。それは、現代の私たちには持ち得ないものなのであるが、そのことについては最終章で考えてみたい。

清き赤き心・正直《せいちょく》の心・真心

この章を終えるにあたって、改めて日本人にとっての「心」について触れておきたい。

日本人は昔から「心」の純粋性を何よりも重んじてきたと言われることがある。「心」の客観的な正しさよりも、いかに嘘偽りのない正直な「心」であるのか、裏表のない精一杯の「心」であるのかが重んじられるというのである。日本人が好むのは、「清き赤き心」「正直《せいちょく》の心」そして「真心《まごころ》」なのであり、それが「矩《のり》」をこえるか否かは二の次の問題なのであった。

こうした点は、第五章で取り上げた日本人の「誠」好きとも重なり合う。日本人は事の善悪是非にもまして、それが「誠心誠意」の結果であるかどうかに重きを置きがちであるという話であった。こうした日本人の傾向は、客観的な規範意識の欠如として批判的にとらえることもできるということについてはすでに指摘したが、「心」についても同じことが言えよう。

それが嘘偽りのないやむにやまれぬ「心」であれば、まっすぐで一生懸命の「心」であれば、その「心」がもたらす結果の成否や是非がどのようなものであっても許したい認めたい、これが日本人のそれこそ偽らざる「心」なのかもしれない。ただ、日本人のそうした「心」が、国際社会においてはもちろん、日本の社会の中においてもいつでも認められ許されるわけではないことは明らかであろう。かつてこの日本人の好きな「心」が「大和心《やまとごころ》」などというはた迷惑なものになって、他国の人は言うまでもなく日本人自身にとっても多くの悲劇を生み出した歴史を私たちは知っている。「誠心誠意」の「心」がどれだけ美しく感動的に映ろうとも、「矩」との格闘を欠く「心」は危険なものであることを忘れてはならないのである。

ちなみに、こうした日本人の「心」の純粋性賛美が、かつて日本独特の陽明学者像を生んだ。幕末から明治にかけての激動の時代、日本には多くの陽明学者が登場する。大塩平八郎（中斎）しかり、吉田松陰しかり、西郷隆盛しかり、彼らに共通するのは、やむにやまれぬ「心」に突き動かされて成算のない暴挙に挑み、そして非業の死を遂げたことであった。彼らをそうした行動に駆り立てたものは陽明学であった、というようなことがいまだにまことしやかに語られることがあるが、それは大きな誤解である。彼らが陽明学の書物に親しんでいたことは事実かもしれない。しかし、彼らは陽明学の影響でそうした行為に走ったのではなく、彼らの行為や心情が後から意図的に陽明学と結びつけられたのである。

彼らと陽明学とを結びつけたのは、明治時代の東洋精神発揚であった。西洋文明に圧倒されっぱなしであった明治の日本人が負けじと持ち出した東洋精神を象徴するものが「武士道」であり「大和魂」であり、そして陽明学であったのだ。

陽明学シンパに数えられる吉田松陰は次のような和歌を残している。

かくすればかくなるものと知りながら、已《や》むに已まれぬ大和魂

松陰の言う「已むに已まれぬ大和魂」と同質の「心」を東洋精神の精華として賛美するとき、なぜだか中国由来の陽明学までが引っ張り出されたのである。明治の日本人がある意味意図的に作り出した陽明学者像は、その後長きにわたって引き継がれ、歴史小説や時代劇の中で増幅され、陽明学といえば命がけの行動主義というイメージが出来上がったのである。昭和の時代に腹をかき切って果てた三島由紀夫が、武士道の『葉隠』とともに陽明学を好み「革命思想としての陽明学」（一九七〇年、

『行動学入門』所収）という文章を書いていることは偶然ではあるまい。

あたかも「心」の純度を示すためには究極的には命を代償にするしかないと言わんばかり、死なければ花実は咲かない「心」など、ご当人たちの美学はともかく、そんなに有り難がるべきものではないと思うのだが、そうした「心」に思わず「心」惹かれるのが日本人の「心」の特徴であると言われていることについては、私たちも「心」しておきたい。

第十章　経——つねなるものは存在するか?

前章では、朱子学の奥座敷の床の間に鎮座するご本尊「心」と対面していただいた。奥座敷に足を踏み入れて以来ずっと息苦しさを感じてこられた方も多いかもしれない。やれやれやっとおしまいかとほっとされたところ恐縮なのだが、実はご本尊の後ろに秘密の隠し部屋があるのであった。ふだんはその存在を隠している部屋であるが、この部屋がご本尊を支えている。ここまできたら乗りかかった船、朱子学の毒にあてられた人も毒を食らわば皿までとばかりに、もう少しだけおつき合い願いたい。

最終章、本書をしめくくるのは「経」である。前章の終わりのところで、「心」を支える「理」をさらに支えるものがある、それは現代に生きる私たちには持ち得ないものだというような思わせぶりなことを述べたが、それが「経」なのである。朱子学は「心学」であると同時に「理学」なのであり、そして何よりも「経学」なのであった。

「経」は、日本人の名乗りでは「つね」「のり」「みち」などと読む。「常なる規範としての道」というのが「経」の字のイメージなのである。ちなみに、音読みでは「けい」と読んだり「きょう」と読んだりするが、ここでは基本的に「けい」と読んでほしい。

経書とは何か

「経」の字の原義は縦糸である。横糸を意味する「緯《い》」の字とともに、「経線」「緯線」、「東経」「北緯」など私たちの日常語にもその意味で使われる例は多い。「経」の字のもう一つ重要な意味は、「経由」「経過」「経験」のように、それを経《へ》てゆくことである。つまり、「経」とはまっすぐな縦糸のように時とともにずっと変わらずそれを経てゆくものを意味しているのである。

本章で取り上げる「経」とは、端的には儒教の経典を意味する。仏教であれば「お経《きょう》」「経《きょう》典」というが、儒教では「経書《けい》」という。もっともすぐ後で紹介する儒教の五つの経書を総称する場合は「五経《きょう》」と読むなど儒教のものでも「けい」と「きょう」の読みが混在するが、ここでは細かいことは気にしないで話を進めたい。長い時間の経過の中で、まっすぐな縦糸のように不変のものとして伝えられてゆくもの、いつの時代の人もその道を経由して生きてゆくべき規範、これが経書という書物の「経」の字の意味なのである。

儒教の根本となる経書は『易経《えききょう》』『書経《しょきょう》』『詩経《しきょう》』『礼記《らいき》』『春秋《しゅんじゅう》』の五つ、総称して「五経《ごきょう》」と呼ばれる。『易経』は占いの書、『書経』（『尚書《しょうしょ》』ともいう）は古《いにしえ》の理想的な政治の記録、『詩経』は古代の詩を集めたもの、『礼記』は冠婚葬祭など様々な礼の規定、『春秋』は孔子の故国である魯の年代記、というように五つの経書にはそれぞれ具体的な内容があるのだが、ここでは立ち入らない。ただ、そうしたかなり個別具体的な内容を持つ有限数の書物群が、無限の価値の根拠となっているところに経書の意味があるのであった。

孔子の功績

五経は孔子が編纂したものとされている。これは歴史的事実ではなく、儒教の世界の中だけに通じる前提にすぎない。五経という書物それぞれの成立や記述内容について事実をあげつらえばいくらでも問題があり、その方面の学術的研究の蓄積もある。しかし、儒者たちの認識において、五経は孔子の手によって形をなしたものなのであり、それこそが孔子の最大の功績とされるのであった。つまり、孔子がいなければ経書は存在せず、後世の人間が頼るべき不変の道しるべは失われてしまったというのが、儒者たちの共通認識なのである。

とはいえ、経書は孔子がみずからの言葉で著作したものではない。孔子は、古い言葉の断片を整理して五経にまとめ上げ、後の時代の人たちに正しい道しるべを残してくれたのである。『論語』に見える孔子の言葉に「述べて作らず」というものがある。「述べる」とは祖述《そじゅつ》すること、すなわち古《いにしえ》の聖王が残した言葉を受け継ぎ、それを必要に応じてみずからの時代の言葉で語り直すことである。それに対して「作る」とは、みずから意図して新しい何かを語ることを意味する。孔子は、自身が信じる古の聖王たちの言葉をそのまま受け継ぎ、あえてそれに何も新しいものはつけ加えなかったということだ。

この「述べて作らず」の態度は、儒者たる者の守るべき基本原則となる。この態度を支えているのは、かつて理想の聖王による理想の政治が行われた完璧な時代が存在したが時の流れとともに自分たちはそれを見失ってしまった、だから完璧で理想の古《いにしえ》に立ち戻らなければならないという、いわば下降史観と復古思想であった。

私たちの常識的な感覚では、理想や完璧などというものはあるとしても未来へと無限に先送りにされ、人類の歴史はそのあるかどうかもわからないゴールに向かってそれでも少しずつ新しいものを生み出しつつ進歩・良化している、というものではないだろうか。少なくとも、時代も人間もだんだん良くなってきている、これからも良くなっていくと信じたいところであろう。

ところが、儒者の前提は、完璧はすでに存在したのであり、見失ってしまったそれを取り戻さなければならない、というものであった。そして、その見失われた完璧を知るためには、経書をそのようにとするほかないと考えられたのである。だからこそ、孔子が経書を後世に残してくれた功績は計り知れないのであった。

新しい思想は要らない

孔子にとって経書は完璧を伝える完璧な言葉であった。完璧であるのだから、それに何か新しいものを加えたりする必要はない。新たに加えてしまえば、それが完璧ではなかったことになってしまう。だから孔子は「述べて作らず」を貫いたのであった。これに続く孔子の言葉が「信じて古《いにしえ》を好む」

であることは、孔子のそうした態度をよく物語っている。
孔子がこのようであった以上、朱熹であれ誰であれ儒者である以上同じ態度でなければならない。朱熹も孔子にならって経書を祖述したにすぎないのであり、決して新しいオリジナルの思想を作り出そうとしたわけではなかったのである。

ところで、そうであるならば、ここで私たちは大きな疑問を抱かずにはいられない。それでは、今日私たちが「孔子の思想」であるとか「朱熹の思想」であるとか言う場合、それはいったい何を指しているのであろうか。孔子や朱熹に新たな思想を作り出すことが禁じられている以上、私たちが孔子や朱熹の思想を語ることは原理的に不可能ではないのか。少なくとも、彼らにみずからの意図に基づく著作がない以上、私たちはいったい何を根拠に彼らの思想を云々《うんぬん》すればよいのか。

ここで思い出してもらいたいのが、『論語』が孔子の言行録であるということである。『論語』は孔子の著書ではない。孔子の発言や行動を弟子たちが記録した語録なのである。『論語』におなじみの「子曰く《しいわ》」は、先生の発言を弟子が記録した形式であることを改めて思い出してもらいたい。また、本書で何度か引用した『朱子語類《しゅしごるい》』も、朱熹の著作ではなく朱熹の語録である。『論語』に比べるとその知名度や普及度は足下にも及ばないが、量だけは膨大のものが残されている。私たちは、『論語』を通して孔子の思想を語り、『朱子語類』を通して朱熹の思想を語るのであるが、そうして語られる彼らの思想は、彼らの基本原則を無視したものである以上、彼らの思想の核心に迫れていないのかもしれないということは自覚しておかなければならない。

経書の注釈書

「述べて作らず」の儒者である以上、朱熹に作品としての著書はないと述べたが、あえて言えば朱熹には著書がある。経書の注釈書が朱熹の主著なのである。これは、朱熹だけでなく孔子以降の儒者たちすべてに許された唯一の自己表現の場であった。もちろん、経書の本文に勝手な解釈を施して、こっそりみずからの思想を述べることが許されたわけではない。あくまでも、経文の意味を忠実に読み取るための注釈であることが前提とされたことは言うまでもない。

それでも、本人の意図とは別に、経書に忠実であるはずの解釈が結果的に注釈者自身の思想を物語ってしまう場合もある。朱子学に批判的な後世の儒者たちに言わせれば、朱熹の解釈はかなり強引に自分の思想を盛り込んだものとして非難されるのであるが、そしてそれは当たらずといえども遠からずなのであるが、朱熹自身は言うまでもなく「述べて作らず」の姿勢を貫いたつもりなのであった。

このような、経書の注釈という形式に限定された儒者の自己表現に、大きな制約があることは見やすいところであろう。彼らはフリーハンドでみずからの思想を表現するのではなく、常にあらかじめ与えられた何かについて語らなければならないのだ。まして、その何かを批判することができないとなればなおさらである。注釈者はどこまでいっても経書の本文を参照しなければならず、意図的にそれを超えることは許されない。そこに経書という存在がもたらした制約や限界があることは明らかなのである。

しかし一方で、その制約を受け入れることによって、彼らの得たものがなかったとは言い切れない。

それについて語るしかないその何かのもつ権威や重みは、ときに彼らの思想の跳躍板となって、彼らをまったく別の高みにのぼらせてくれることもあるのではないか。孔子のように経書を「信じて好む」という態度によってしか見えない世界があるのではないか。

こうした経書の注釈という行為のもつ特殊性については、経書をもたない今日の私たちにはなかなか理解できないところであるが、それの制約のみならずそれがもたらしたものについても思いを巡らしてみることは必要なことであろう。

経書の機能

さて、孔子の「述べて作らず」以降、儒教は経書という縦糸に沿ってその命脈を保ち続けてきた。儒教は、経書を学ぶ学問すなわち「経学」なのであり、儒教の歴史は経書解釈の歴史なのであった。すでに第二章でも紹介したが、儒教史を経学史として見るとき、次のような時代区分がなされるのが一般的である。すなわち、「漢唐訓詁《くんこ》学」「宋明《そうみん》義理学」「清朝考証学」の三区分である。そして、漢や唐の時代の注釈を「古注」と呼ぶのに対して、宋代の朱子学による注釈は「新注」と呼ばれる。つまり、朱熹はそれまでの古い注釈を塗り替えて、新しい解釈を提示したということである。朱熹の「新注」に始まる宋代以降の経学のありかたに「義理」という文字が加えられていることの意味については、すでに第二章の「義理」の説明で見たとおりである。同時に、宋や明の時代の学問を「宋明性理学」と総称する場合もあるが、その呼び方が示すように、朱子学は本書でもおなじみの「性」や

「理」といった概念を経書注釈の場に持ち込んだのである。ちなみに、宋明に続く清代の考証学は、そうした朱子学の解釈を恣意的・主観的であると批判して登場したものであった。

ともあれ、経書という具体的な書物が存在したことは、歴史的に見て儒教にとっては大きな意味があった。口伝《くでん》ではなく書物による伝授が時空を超え得るというのは言うまでもないことだが、それ以上に書物は教科書として教育に利用されるなど、学問・研究の対象としての具体性を明示することができる。そしてこのことは、儒教が御用学問になったことと無関係ではないのであった。

中国史において、儒教は漢の時代に国教化されたと言われる。すでに繰り返し述べたように、戦国乱世には無用の理想論として顧みられなかった儒教は、平和で安定した時代においてその力を発揮したのであった。特に、王朝がみずからをすぐれた文化国家として誇りたいとき、儒教は恰好の道具を提供したのである。その一つは儒教が最も得意とする「礼」であり、もう一つが経書であった。「礼」は目に見える形を伴い、経書は書物であるという具体性を持つ。こうした形式性・具体性が、儒教が体制教学となることを可能にしたのであった。

為政者は経書という指南書に則《のっと》り、「礼」という目に見えるパフォーマンスを行うことによって、みずからが古の理想の政治を再現しているかのように見せかけることができる。それだけでなく、経書を教科書にした教育を整備し、経書注釈を国家の権威のもと行うことによって、文教国家であることを内外にアピールすることもできるのであった。

こうした経書の利用価値は、儒教が国家的権威と結びつくことを容易にし、そのことが儒教の寿命を長からしめたのであるが、その反面、儒教の形骸化という思わぬ結果を招いてしまった。あまりにも完璧な理想に対して、人は本気でその実現を期待しないということであろうか、経書を採用し文教政策をアピールすることと、孔子が「信じ好んだ」経書の精神を実現することとはまったく別の話になってしまったのである。

共通言語としての朱子学

こうした状況は、朱子学が国教化され体制教学となったときにも繰り返される。朱子学は宋と明の間の異民族王朝である元において国教化されたと言われるが、そのことの実質は朱熹の「新注」が「科挙」と呼ばれる官吏登用試験の標準テキストに採用されたことにほかならない。なぜ朱子学であったのか、そのことを極論すれば、朱子学の注釈書が他の学派と比べて最も完備していたからという物理的な理由が一番大きい。ここでも、注釈書という具体的な書物の有無が大きく作用していたのである。朱子学の内容が体制維持にもっとも都合がよかったということが言われることがあるが、それはむしろ後付けの説明にすぎないのである。

特に、朱子学の注釈書が「科挙」という立身出世のための試験と密接に結びついたことによって、朱熹の新注は広く知識人たちに共通の教養となった。試験のための教科書や参考書に書かれている内容が生きる指針として我が身に切実に迫ってくることなど今も昔もめったにない話であるが、それでも幼い頃から経書を新注で学ぶのが一般的であった中国の知識人の世界において、経書解釈を通して触れる朱子学は少なくとも彼らの教養人としてのプライドを支える共通言語となったのである。

このことは中国だけにとどまらず、朝鮮や日本においても同様であった。東アジアの広い範囲で、かつて経書という共通教養が、そして朱子学の注釈という共通言語が共有されたのである。東アジアのいわゆる「儒教文化圏」なるものも、こうした共通言語によって形作られたものにほかならない。そして、その共通の基盤に対する反応に、朝鮮独自の、日本独自の特色が表れるのであった。

一方、朱子学自体にとって、体制教学となり東アジアの教養を支える共通言語となったことは、必ずしも幸いなことではなかった。形骸化してしまった儒教に生きた思想としての息吹を吹き込んだはずの朱子学は、みずから再び形骸化の道を歩むことを余儀なくされてしまったのである。権威と引き換えにその活力を失うという図式は、朱子学において再び繰り返されてしまったのであった。

四書五経

ところで、儒教の経典と言えば「四書五経《ししょごきょう》」という言い方があるのをご存じの方も多いのではないだろうか。「五経」についてはすでに触れたが、「四書」とは何なのか、「五経」と並べられているからには「四書」も同じく孔子の手になる経書なのだろうか。

「四書」とは、『論語』『孟子』『大学』『中庸』の四つの書物を指す。『論語』が含まれていることからわかるように、「四書」は「五経」とは性質を異にし、孔子が祖述した古の聖人たちの言葉ではない。『論語』が孔子の語録であることはすでに確認したが、『孟子』は孟子の言葉を記したもの、『大学』は孔子の後継者と目《もく》される曾子《そうし》の手によるもの、『中庸』は孔子の孫であり曾子に学びなおかつ孟子の師匠筋にあたる子思《しし》によって編纂されたものとされる。つまり「四書」は、それぞれ孔子・孟子・曾子・子思という、孔子以降の具体的な人物の関わるものとして、古の聖人たちの言葉である「五経」とは一線を画す性質の書物群なのであった。

　また「四書」は、孔子→曾子→子思→孟子という儒教の正統の系譜を体現した書物群であるとも見なされる。孔子の道は曾子を経て子思へ、そして孟子へと継承されたのであり、「四書」はその系譜を貫く孔子の教えを伝えるものとされたのであった。この系譜は儒教のもっとも正統の「道」の伝統という意味で「道統」と呼ばれる。そして、孟子以降途絶えたしまった「道統」を時代を大きく隔てて継承したのが北宋の二程子であり、それを継いだのが自分であるというのが、朱熹の自己認識であり自負であったのだ。

　以上のように、「四書」は厳密な意味で経書ではなかったのであるが、儒教を学ぶ者の間で早くからそれぞれ読み継がれてきた書物であった。「五経」のように古代の具体的な事柄が即物的に記録されたものとは異なり、「四書」には『論語』に象徴されるような読みやすさがあったのである。朱子学が生まれる前夜にはすでに「四書」は一群のものとして意識されるようになり、それを儒教の系譜とからめてとらえようとする動きも盛んになる。そうした「四書」表章の流れを決定づけたのが朱熹の「四書」重視であった。そして、後に朱子学が権威をもつことによって、「四書」は「五経」と並び称されるようになったのである。

朱熹は「四書」を「五経」への階梯《かいてい》、すなわち入門書として位置づけた。初学者にとって、「五経」にいきなり取り組むことは難しいだけでなく危険に過ぎる。「五経」の個別具体的な内容から、そこに盛り込まれた精神を読み取り、みずからの生きる指針を見出すことは容易なことではない。下手をすれば「五経」の個々の記述に足を取られて、何のために学んでいるのかを見失ってしまう恐れすらある。だから、初学者はまず「四書」を通して孔子の「道」を理解し、それから「五経」に取り組むべきだ、というのが朱熹が考えた学問のカリキュラムなのであった。

ちなみに、朱熹は四つの書物を読む順序についても次のように語っている。

私が人に教えるのは、まずは『大学』を読んで学問の全体像を見定めること、次に『論語』を読んでみずからの学問の根本を立てること、その次に『孟子』を読んで孟子がいかに孔子の道を発揚し発憤したかを見ること、そしてその次に『中庸』を読んで古人の奥深い道理を求めることだ。

（『朱子語類』巻十四）

もっとも、ことほどさように何事にも慎重な朱熹であるから、ここまでやれば「四書」は修了、次は「五経」に進むというような段階はなかなかやって来ない。朱熹自身も、生涯をかけて「四書」と格闘することになる。朱熹には「五経」の注釈書もあるが、朱熹渾身の主著と呼ぶべきものは「四書」の注釈書である『四書集注《しっちゅう》』なのであった。

経書における「格物窮理」

本書でこれまで何度も触れてきたように、朱子学の方法論の一つは「格物窮理」と呼ばれる。繰り返せば、「物に格《いた》りて理を窮《きわ》む」とは、「心」の外の事物の「理」の絶対性をとことん実感的に知ることであり、「心」の安定のために「心」ではなく外在の「理」を対象とする方法であった。この世界のあらゆる物事にはそれぞれ意味や価値があり、正しく妥当なあるべきあり方がある、そうした世界の確かさを身を以て知ること、それが朱熹のいう「格物窮理」なのであった。したがって、「格物窮理」の対象となる外在の「物」とは、原則的にはこの世のあらゆる物事を意味するのであるが、朱熹には最優先すべき「物」があった。それが経書という「物」なのである。「格物窮理」は何よりも経書を読むという行為において実践されなければならなかったのである。

朱熹において、経書を対象とした「格物窮理」が最優先されるのは、それが最も効果的であると考えられたからにほかならない。経書は、理想の時代の完璧が記されたものであり、いわば完全無欠、正しい「理」の宝庫なのであった。したがって、経書において「格物窮理」を行うことは、往々何が「理」なのか見極めにくい現実の物事において悪戦苦闘するよりも、より有効で安全な手段だと考えられたのである。学ぶ者は、経書において「理」の確かさを実感し、その体験をもとに現実の物事の「理」に立ち向かうべきだというのが、朱熹の意図した「格物窮理」なのであった。

しかし、ここには大きなトリックが隠されている。「格物窮理」が経書におけるそれを初手とするならば、そしてそれは経書の完全性を信じることを条件とするならば、その後の「格物窮理」にはあらかじめ大きな前提が隠されているということである。完全無欠の経書の「理」は読み手の主観に関係なくあらかじめ与えられているのであり、読み手の方が歩み寄るしかない。何が正しく妥当であるのか、すなわち何が「理」であるのかということは、読み手の「心」の実感以前に決められているのであった。こうした経書における訓練を経た後に行われる「格物窮理」は、すでに「心」に一定の枷《かせ》をはめているのではないか。その枷を隠しながら、それでもそれがあることによって、「理」ははじめて確かな根拠を得ているのであった。

一方で、こうも問い直したい。もしもその枷がなければ、人の「心」は本当に自由になれるのであろうか。自由になることがもたらす別の苦しみも辞さない覚悟があるのであればともかく、「心」の安楽を求める者はどこかで「理」を支えるものの存在を必要としてしまうのではないか。そう問い直すとき、今日の私たちに無条件で信じる経書が存在しないということ、そしてそもそも無条件で信じるということそのものに懐疑の目を向けてしまうということは、私たちの「心」を永遠の不安に陥れ、別のどこかに閉じ込めてしまうのかもしれないということに思い至らざるを得ない。そこに敢えて踏みとどまり続けるにしても、そこからの脱出路を探るにしても、朱熹たちの営みを参照することは無意味なことではあるまい。

経書に「做工夫処」を読む

ところで、朱熹はどのように経書を読み解いていたのだろうか。朱熹の「格物窮理」の現場にもう少し接近して立ち会ってみたい。

朱熹は次のように言う。

読書の最も肝要なことは、聖人が人に教えた「工夫《くふう》を做《な》す処《ところ》」がどのようなものかを読み取ることである。（『朱子語類』巻十）

「工夫を做す処」とは、「努力のしどころ」といった意味で、何に意識的に取り組んでいたのか、どのように具体的に努めていたのかということを指している。朱熹にとって経書を読むことは、この「工夫を做す処」を読み取ることなのであり、それはそのまま自分にとっての「工夫を做す処」でなければならないのであった。朱熹にとって経書は、何が正しい「理」であるのかを教えてくれるものである以上に、いまここにおいて自分が何をするべきか、何に努力すべきかを教えてくれるものなのであった。

ちなみに、この経書に「工夫を做す処」を読もうとする態度が、「五経」への階梯として「四書」を必要としたと言うこともできる。「工夫を做す処」の記述の中から我が身に直結する「工夫を做す処」を読み取ることは簡単ではない。それに対して、孔子や孟子といった人物たちの具体的な言動は、そのまま自分たちの言動の指針となる。古の聖人という実在感に乏しい人たちの言葉よりも、生身の人間として自分たちと地続きであることを感じやすい孔子や孟子の言葉の方が、我がこととして読み手に響くということなのである。

とはいえ、それでも孔子は聖人であり、孟子もそれに次ぐ亜聖である。曾子にしても子思にしても、それなりのレベルに達した人物であるからこそ孔子の道の継承者に選ばれたのであり、少なくともいまここで経書を読み学んでいる自分たちは彼らの足下にも及ばない。したがって、「四書」に描かれているのは彼らの優れた境地なのであり、それと彼らの「工夫を做す処」とは区別しなければならない。彼らの至った境地がどれだけすばらしいものであっても、それにただあこがれているだけでは何にもならない。彼らがどのようにしてそういう境地に至ることができたのか、その「工夫を做す処」を学ばなければならないのだ。

万事に慎重な朱熹は、ここでも次のように弟子を戒めている。

弟子「心の欲する所に従いて矩をこえずというのは、聖人の究極の境地ではないでしょうか。」

朱熹「そんなことを論じるのはやめなさい。そうではなく、聖人の十五で学に志すの志すとはどういうことか、三十にして立つの立つとはどういうことか、四十にして惑わずの惑わずの意味は何か、五十にして天命を知るで知り尽くすとはどういうことか、六十にして耳順《したが》うの耳順うとはどういうことか、という具合に、一つ一つ我が身に引き当てて詳しく考えてこそ意味があるのだ。……学ぶ者はその中から自分自身の努力すべき点を見つけ出して、真剣に自分のこととして理解してこそ意味があるのだ。」（『朱子語類』巻十）

聖人学んで至るべし

以上のように、朱熹の経書解釈の最大の特徴は、経書の記述からみずからの「工夫を做す処」を読み取ろうとすることであった。そのために朱熹は、経書の記述を、聖人の境地が描かれている部分とそれに至る努力の段階が描かれている部分とに区別して読むべきことを強調する。そして、それはそのまま、聖人とそれを目指して学んでいる自分たちとの差異を常に意識することなのであった。そうした意識の下《もと》、朱熹にとって経書を読むという行為は、聖人の有り様を知り、それに近づくために何をすべきかを知るためのものなのであった。

ちなみに、先程来引用した朱熹の言葉に登場する「聖人」とは孔子その人を指す。朱熹は「四書」を注釈する際、孔子のことを「聖人」と呼んではばからないのであるが、孔子自身にとってそれはやや面映《おもは》ゆい呼称であった。というのも、第一章でも少し触れたように、孔子にとっての聖人とは、孔子が祖述した作者たちであり、かつて完璧を実現した古の聖王たちであったからだ。孔子に言わせれば、聖人は二度と現れる必要はないのであり、孔子自身も聖人を目指したりなどしていない。

ところが、孔子あってのその後の儒教において、孔子は聖人と呼ばれるようになる。そして、孔子が聖人と見なされることによって、聖人の意味は大きく変化する。聖人とは、孔子のような立派な人格者、すぐれた人間性を指すものとなったのである。つまり、理想の政治を行う王でなくとも、完璧な文化を作らなくとも、立派な人間にさえなれば聖人になれるのであり、そのお手本が孔子とされたのであった。

こうした新しい聖人は、儒教を学ぶ者たちの究極の目標となる。朱子学には「聖人学んで至るべし」というスローガンがある。これは誰もが努力することによって聖人に到達することができるという意味である。もっともすでに述べたように、朱子学の悪い癖は、できるのだから誰もが到達しなければならない、そのために努力しないのは許されないというように人を追い込むところであるが、それでもこのスローガンは、誰にでも平等に可能性があることを謳《うた》った「性善説」の別の表現でもあったのだ。

新たな意味の聖人を目指す朱熹たちにとって、孔子は二重の意味でお手本になる。一つは言うまでもなく到達地点としての聖人の境地であるのだが、もう一つは孔子自身がみずからを聖人だとは考えず学び努力する立場にあることを自認していたことである。『論語』の孔子の言動は、ときに聖人の境地を示し、ときに学ぶ者としての「工夫を做す処」を示してくれるのであった。

聖人のことは不可知

聖人の境地と聖人への過程とを明確に区別した上で、朱熹は、聖人ではない自分たちが聖人の境地についてとやかく言うことを厳に戒めている。ここで第四章の最後でも触れた問題を改めて考えてみたい。

たとえば、聖人孔子が十五歳で「学に志し」てから七十歳で「心の欲する所に従いて矩をこえず」の境地に至ったと語った箇所について、聖人は生まれつき聖人ではないのか、聖人でも段階的な努力の過程があったのかという疑問が投げかけられたのに対して、朱熹は次のように答えている。

聖人にも全体としては我々とほぼ同じような段階がある。例えば「学に志す」と言えば、聖人にだって我々と同じように学問を初めて知ったときがあったのだ。「立つ」とか「惑わず」なども、やはり我々と似たような段階の区別があったはずである。しかし、聖人にもこのような段階があったはずだと決めつけてはいけない。かと言って、聖人は全く学問などしなかったなどと漠然と言うのもいけない。聖人には聖人のことがあるのだ。（『朱子語類』巻二三）

「聖人には聖人のことがある」とは、いまだ聖人ではない自分たちに聖人の境地は窺《うかが》い知れないということを意味している。わかるはずもない聖人の境地を言葉で語ろうとすれば、それは聖人をみずからの器に押し込め矮小化する行為にほかならない。それよりも、わからないものはわからないままに受け止めるべきなのだ。つまり、朱熹は不可知の領域を認めているのであり、それを強引に説明しようとする態度を戒めているのであった。

こうした不可知論の態度は朱子学らしくないように思われるかもしれないが、朱熹は、ほかならぬ聖人のことであるからこそ、言い換えれば経書に書かれていることであるからこそ、安心して不可知のままにしておけたのである。

心学＝理学＝経学

「理学」としての朱子学の前提は、あらゆるものには「理」があり人はそれを知ることができるというものであった。にもかかわらず、「理学」の祖である朱熹は、ときに「理」による説明の限界と危険性を指摘する。それは、言葉で語られる「理」がややもすると現実感や実感を置き去りにして空虚なものになってしまう恐れがあるからなのであった。

特に「知」を自負する者ほど、卑近で現実的なものを軽視し、抽象的な議論を高尚なこととして有り難がる傾向がある。そうした「知」の傲慢な態度は、合理化できない不可知のものを認めることによってのみ回避することができる。そして、そのことを教えてくれるのもほかならぬ孔子なのであった。

朱熹は次のように語っている。

『論語』という書物を見てみなさい。一体どこにそんな空虚な議論があろうか。ただ漢代の儒者がひたすら訓詁にばかりとらわれて、聖賢のいわんとする意味を見ようとしなかったために、二程子がやむを得ず道理を明らかにして学ぶ者の前に示し、学ぶ者が向上心に燃えて聖人の心の用い方を求められるようにしたので、その結果議論がやや高尚になってしまったのだ。それがまさか今日の学ぶ者たちが卑近を嫌い高遠なることばかりを求め、下から高いところを窺うようにひたすら空虚な議論に耽って、全く地に足が着かないようになろうとは。その弊害たるや、昔の人たちが道理を求めることを知らずにいたことよりも甚大だ。少なくとも彼らはまだ正道を行こうとしていたのだから。（『朱子語類』巻一一三）

孔子が語らなかったことを孟子が語らざるを得なかったように、程子や自分たちも語らないわけにはいかない。それでも、そうした「理」を語ることにつきまとう危険性に気づかせてくれるのは経書にほかならないのであった。「経」という合理化できないものがあることによって、「知」はみずからを傲慢に閉じることを回避できるのである。そして、みずからの限界をわきまえたときはじめて、「知」はその範囲内で「理」を求める自由を獲得するのであった。

本章のサブタイトルに掲げた「つねなるものは存在するか」という問いをここであえて持ち出すならば、存在するかどうかは知りようがないが、「経」という「つねなるもの」の存在を信じるからこそ、人は「理」に閉じ込められることなく新たな「理」を創り出す自由を得ることができるのである。そうした自由は、むしろ「心」を不安に陥れるものかもしれないが、それでも「心」の力を信じるならば、真の「心」の安楽に向かって「理」を語り続けるしかないのである。

読書案内

本書を読んで東洋思想の世界や朱子学そのものに興味をもち、もっと詳しく知りたいと思ってくれた方々に以下の書物を紹介する。

まずは、本書が取り上げた諸概念それぞれにつき、もっと掘り下げてみたいという方に便利な書物を紹介する。

①溝口雄三・丸山松幸・池田知久編『中国思想文化事典』東京大学出版会、二〇〇一年

①はいわゆる「読む事典」というもので、各項目を複数の専門家が時代ごとに解説していてかなり詳しい。本書で取り上げた概念のほとんどが①に含まれている。各項目の末尾には、より専門的な参考文献もついているので、そちらも参照してもらいたい。

①が基本的に中国思想の分野における解説であるのに対して、日本との比較に興味がある方には次のものが面白い。

②シリーズ「一語の辞典」三省堂
相良亨『こころ』一九九五年
小田亮『性』一九九六年
源了圓『義理』一九九六年

本書で取り上げたもののうち②に収められているのは「義理」「性」「心」だけであるが、このシリーズにはほかに「気」「天」「神」「家」「自然」など興味深いものが多い。

また、次のものも本書とは「心」だけが重なるが、それ以外にも「理」「自然」「道」「天」「公・私」を日中の比較において分析している。

③溝口雄三『中国思想のエッセンスⅠ　異と同のあいだ』岩波書店、二〇一一年

儒教そのものについてもっと知りたい方にお勧めしたいのは以下の通りである。

④土田健次郎『儒教入門』東京大学出版会、二〇一一年
⑤加地伸行『儒教とは何か』中公新書、初版一九九〇年、増補版二〇一五年
⑥小島毅『儒教の歴史』山川出版社・宗教の世界史5、二〇一七年

⑦浅野裕一『儒教　怨念と復讐の宗教』講談社学術文庫、二〇一七年

④は本書で取り上げた諸概念それぞれに対する解説も充実している。

また、本書を読んで、改めて『論語』や『孟子』を読んでみようと思われ方もいるのではないだろうか。『論語』の翻訳や注釈書はそれこそ星の数ほどあるのだが、これと言った決定版を挙げるのは難しい。それぞれ個性はあるが、以下のものなどが比較的定評がある。

⑧金谷治『論語』岩波文庫、一九六三年
⑨吉川幸次郎『論語』朝日選書、一九九六年、角川ソフィア文庫、二〇二〇年
⑩加地伸行『論語』講談社学術文庫、二〇〇四年

この中では⑨が一番朱熹の注釈に拠っているが、訳文と解説が一体化しているためやや読みにくいかもしれない。

なお、朱熹が『論語』に施した注釈については次の全訳注がある。

⑪土田健次郎訳注『論語集注1〜4』平凡社・東洋文庫　二〇一五年

『孟子』については、次のものがすぐれている。

⑫宇野精一『孟子』集英社・全釈漢文大系2、一九七三年
⑬宇野精一『孟子　全訳注』講談社学術文庫、二〇一九年
⑭大島晃『孟子』学習研究社・中国の古典4、一九八三年

⑬は⑫の簡略版であるが、通読するには便利であろう。⑭は朱熹の注釈に基づいた翻訳である。ついでに四書の他の二書『大学』『中庸』については、次のものが朱熹の注釈に拠る。

⑮島田虔次『大学・中庸　上下』朝日新聞社・中国古典選6・7、一九七八年

改めて朱子学そのものに興味をもってもらえたならば、本書の前提となる拙著以下次のものをお勧めしたい。

⑯垣内景子『朱子学入門』ミネルヴァ書房、二〇一五年
⑰垣内景子『「心」と「理」をめぐる朱熹思想構造の研究』汲古書院、二〇〇五年
⑱三浦國雄『「朱子語類」抄』講談社学術文庫、二〇〇八年

⑲島田虔次『朱子学と陽明学』岩波新書、一九六七年
⑳小島毅『朱子学と陽明学』ちくま文庫、二〇一三年
㉑小倉紀蔵『入門　朱子学と陽明学』ちくま新書、二〇一二年
㉒土田健次郎『江戸の朱子学』筑摩選書、二〇一四年
㉓土田健次郎『朱熹の思想体系』汲古書院、二〇一九年

⑰から㉒までは⑯の拙著でも紹介したが、その後筆者の恩師が㉓を出版された。㉓は朱熹の思想構造を体系的かつ網羅的に描き出した学術的大著であるが、筆者の朱子学理解の源泉でもあり、僭越ながら師弟通じるところがあると思うので、拙著を通じて朱子学に興味をもった方ならば是非挑戦してみてほしい。

おわりに——朱子学の手土産

これで朱子学の「おもてなし」はおしまいである。「おもてなし」と言うから読んでみたが、ちっともてなされた気がしない、むしろ重苦しい気分にさせられた、だまされた、というような苦情が聞こえてきそうである。申し訳ないが、これが朱子学の精一杯の「おもてなし」なのである。本人は一生懸命もてなしているつもりが、かえってお客に居心地の悪い思いをさせ、果ては苦笑を招いてしまうのが、いかにも朱子学らしいとあきらめていただくよりほかはない。その重苦しさを「手土産」にしてお帰りいただければ、と言えば、そんなもん要らん、と投げ返されてしまうだろうか。

ただし、本書の重苦しさと歯切れの悪さは、朱子学のせいばかりではなく、筆者自身のせいでもあるので、最後に少し言い訳をさせていただきたい。

本書をお読みいただいた方々に、何かすっきりしないモヤモヤ感が残ったとしたら、それはもちろん第一には筆者の力量不足ゆえであるのだが、もう一つ、筆者が「哲学」というものにこだわったせいでもある。特に第Ⅱ部の「奥座敷」に入って以降、筆者は朱子学で「哲学」しようともがいてみたのだが、奮闘むなしくむしろ朱子学もろとも「哲学」を敬遠したいものにおとしめてしまった気がしてならないのだ。

筆者が「哲学」という言葉にこだわったのには、本書を執筆していた時期の筆者の個人的な事情が関係している。いたって私事に関わるのだが、二〇一五年に前著『朱子学入門』を上梓してから本書を書くまでの間に、筆者の大学における立場が大きく変わったのであった。

前著を執筆した当時、筆者は明治大学文学部で一般教養と外国語を担当する立場にあった。したがって、前著は、中国思想や東洋哲学などを専門としない学生たちに対してできるだけわかりやすく朱子学を解説しようとした中で生まれてきたものであった。

その後の二〇一八年に、明治大学文学部に新たに哲学専攻が開設された。筆者自身もその立ち上げに関わり、開設と同時にその所属となった。そもそも明治大学ほどの伝統と規模をもつ大学の文学部にこれまで哲学を専門とする場所がなかったのも不思議なことなのだが、この時代に新たに哲学専攻を作るのであるから、これまでにない特色を打ち出す必要があった。

明治大学文学部に新たに誕生した哲学専攻は、西洋哲学と東洋哲学の両方を一つの専攻内で学ぶことができることを特色の一つとした。一般に哲学と言えば西洋哲学を指すのであるが、あえて哲学という名の下《もと》に西洋と東洋を一緒にしたのである。こうした新たな試みは、専攻の教員たちにとって大きな挑戦であったが、特に「東洋に哲学はあるのか」ということを始終問われ続けている筆者のような東洋哲学研究者にとって、同じ土俵の上で西洋哲学と東洋哲学との間に対話が成り立つのかというのは、期待でもあり不安でもあったというのが正直なところである。しかし同時に、こうした試みは、哲学ではなく東洋哲学という名の専攻で育った筆者自身にとって、長年抱いてきた「東洋哲学は哲学なのか」「哲学研究とは何なのか」という疑問に正面から立ち向かうことでもあった。

そうしたいきさつがあって、筆者の新たな任務は、哲学専攻の学生たちを主たる対象として儒教思想や朱子学を講義することとなったのである。そのため今度は、東洋の伝統思想の諸概念をより普遍的な問題領域において学生たちに問いかけ、ともに考えるという姿勢をとることに心がけたのであった。本書に、問いかけばかりで明確な解答を避けてごまかしているような印象があったとしたら、そうした背景のためであるとご理解いただき、できれば読者も一緒になって考えてみていただきたい。

ところがその後思いがけないことに、新しい専攻ができたのもつかの間の二〇二〇年、筆者は縁あって母校の早稲田大学に籍を移すことになった。母校に戻るということは、筆者が育った東洋哲学の世界へ舞い戻ることを意味している。これが運命であるのならば、やはり自分は東洋哲学のど真ん中で、東洋哲学自体をより深く掘り下げることを通じて、哲学を模索しなければならないということらしい。

もっとも、筆者の学部での所属は文化構想学部多元文化論系という、多種多様な興味に柔軟に対応する場所で、そうなると今度は東洋に限らず、そもそも思想や哲学に興味があるとは限らない学生たちに向けて語り続けなければならないことにもなる。

こうした懐かしくも新鮮な環境で、今後も朱子学を、そして哲学を考え語り続けてゆくことが筆者の使命なのであろう。

言い訳ついでにもう一つ弁解をつけ加えると、本書の最終章「経」の部分は、筆者自身の研究課題であり、まだ十分にその課題を解きほぐせていないことを告白しておかねばならない。本文でもしばしば吐露したが、朱熹たちにとっての「経」の意味を、「経」を持たない今日の私たちが実感的に理解することは容易ではない。容易ではないが、それに少しでも迫れなければ、儒教は、そして朱子学は理解できないのではないか。これは、筆者が朱子学研究を始めたときからずっと抱えている課題であるのだが、まだそれを明確に描き出すことはできていない。そうした未解決の問題を本書に盛り込んだのは、せめてその問題の存在を示しておきたいという気持ちからであった。

気がつけば残り少なくなってしまった研究者人生の時間ではあるが、今後は朱熹の経書注釈書の注釈作業をライフワークの一つにして、この問題を考え続けていきたい。

前著『朱子学入門』が世に出た後、続編の執筆依頼を受けたのは、折しも今まさに異例の開催を迎えた東京五輪の招致が決まり「おもてなし」が流行語となっていた頃であった。流行《はやり》に便乗するようでややためらわれたものの本書のタイトルを「おもてなし」としたのは、「はじめに」でも書いたように、「せっかく入門していただいたのなら、そのままさよならではなく、いま少しおもてなしを」というコンセプトにすぎない。ただ、その後なかなか筆が進まず、ぐずぐず書き渋っているうちに年月がたってしまったので、『入門』との関連が希薄になってしまったのが悔やまれる。

タイトルを決めた当時、まさか五輪の「おもてなし」が空振りになるとは思いもよらないことであった。招かれざる来訪者への対応に世界中が四苦八苦するこの間、日本人のもてなしぶりにはまさに日本人らしさが露呈しているのではないだろうか。歴史を振り返ってみれば、日本人はいつも外からやって来る来訪者に振り回され、自分を見失い、それでもそのことを通して変化してきた。どれだけ厄介な客人であっても、そのもてなしを機に何か新たに気づくことがあれば少しは救われるのではないか。そんなことを考えるとき本書が何かの足しになればこれ以上嬉しいことはない。

最後に、前著に引き続き本書の執筆をご提案下さり、根気強くお待ちいただいたミネルヴァ書房編集担当の水野安奈さんに心からお礼を申し上げたい。水野さんの的確なご指摘とタイミング良い励ましがなければ、身辺の多事にかこつけて本書は完成しなかったにちがいない。水野さん、本当にありがとうございました。

二〇二一年夏

垣内景子

な 行

は 行

ま 行

や 行

ら 行

た　行

索　引

あ　行

か　行

さ　行

《著者紹介》

垣内景子（かきうち・けいこ）

1963年　生まれ。
1986年　早稲田大学第一文学部哲学科東洋哲学専修卒業。
1993年　早稲田大学大学院文学研究科単位取得満期退学。博士（文学）。
明治大学文学部教授を経て，
現　在　早稲田大学文学学術院教授。
著　作　『「心」と「理」をめぐる朱熹思想構造の研究』汲古書院，2005年，
『朱子語類』訳注（巻七・十二・十三）汲古書院，2010年，
『朱子語類』訳注（巻百十三～百十六）汲古書院，2012年，
『朱子語類』訳注（巻百十七～百十八）汲古書院，2014年，
『朱子学入門』ミネルヴァ書房，2015年など。

朱子学のおもてなし
――より豊かな東洋哲学の世界へ――

2021年11月1日　初版第1刷発行　〈検印省略〉

定価はカバーに
表示しています

著　者　垣　内　景　子
発行者　杉　田　啓　三
印刷者　坂　本　喜　杏

発行所　株式会社　ミネルヴァ書房
607-8494　京都市山科区日ノ岡堤谷町1
電話代表（075）581-5191
振替口座 01020-0-8076

冨山房インターナショナル・藤沢製本

ISBN 978-4-623-09280-2
Printed in Japan